JN209616

PIÈCE MONTÉE

基礎からわかる
アメとチョコレートのピエスモンテ

赤崎哲朗
冨田大介

はじめに

——

　アメやチョコレートなどの製菓材料でつくり上げる大型の造形作品「ピエスモンテ」。多くのコンテストが国内外で催され、いまや世界大会での日本人の活躍もめずらしくない。とりわけ、若いパティシエにとっては憧れの世界だろう。

　ピエスモンテは作品全体の構図や設計はもちろん、細部の完成度の高さも美しさに直結する。細工の技術だけではなく、色の組合せや空間の見せ方など、構想段階から豊かな感性に基づいた緻密な計算が求められる。さらに、コンテストなどの実践の場においては、作業環境の違いや時間の制約から、その場、その場の判断力や対応力も高いレベルで必要だ。

　ただし、はじめから高度な作品づくりに挑む必要はない。まずは素材の特性を把握し、基本的な技術や考え方を習得すること。高度な作品であっても、その根底には基本的な技術や考え方があり、それがしっかりと身についているからこそ、応用がきき、より魅力的な作品へと発展させることができるのだ。

　本書では、アメのピエスモンテとチョコレートのピエスモンテの2部門に分け、それぞれ基礎編、初級編、中級編、上級編と段階的に技術と制作の勘どころをレクチャーしていく。教えてくれるのは、クープ・デュ・モンド・ドゥ・ラ・パティスリーに日本代表チームとしてともに出場し、世界の舞台で優秀な成績を残した2人のパティシエ。アメのピエスモンテを担当するのは赤崎哲朗さん、チョコレートのピエスモンテを担当するのは冨田大介さん。定番的なアプローチから2人のオリジナルの表現方法まで、世界トップレベルの技術とアイデアを惜しみなく披露していただく。

　ピエスモンテの世界への第一歩として、またさらなる高みをめざすためのヒントとして、本書を役立てていただければ幸いだ。

柴田書店 書籍編集部

見る人を魅了する美しさ、圧倒する迫力、思わず顔をほころばせる楽しさ——私も多くの作品に感銘を受け、ピエスモンテの魅力的な世界に引き込まれた1人です。ピエスモンテの制作に必要な理論や技術、構成力は、練習を重ねるほど、実践を積むほどに磨かれ、表現の引き出しはどんどん増えていきます。でも、まずは構えず、楽しみながら挑戦してほしい。その気持ちが成長の原動力になります。興味を持って前向きに取り組めば、日々の練習の中でいろいろなことに対して気づきがあるはずです。それをしっかりと吸収し、自らの技術やアイデアに昇華していきましょう。

ピエスモンテは、決してハードルの高い分野ではありません。日々の菓子づくりの延長線上にある仕事だと私は思っていますし、身近な素材や道具からはじめればいいんです。楽しみながら工夫して、自分の世界観を思いきり表現しましょう。そうして培った技術やアイデア、表現力は、菓子づくりにも生かされるものですし、パティシエ人生の大きな糧になるはずです。

赤崎哲朗 *Tetsuro Akasaki*
都ホテルズ＆リゾーツ／統括製菓長
大阪マリオット都ホテル／ペストリー料理長

———

1975年京都府生まれ。関西の有名ホテルを経て、名古屋マリオットアソシアホテルで約12年経験を積む。2014年に大阪・阿倍野の大阪マリオット都ホテルのペストリー料理長に就任。07年のジャパン・ケーキショーでのグランプリ獲得などコンクールでの受賞も多数。13年に出場したクープ・デュ・モンド・ドゥ・ラ・パティスリーでは日本代表のリーダーとしてチームを牽引し、総合2位に輝いた。

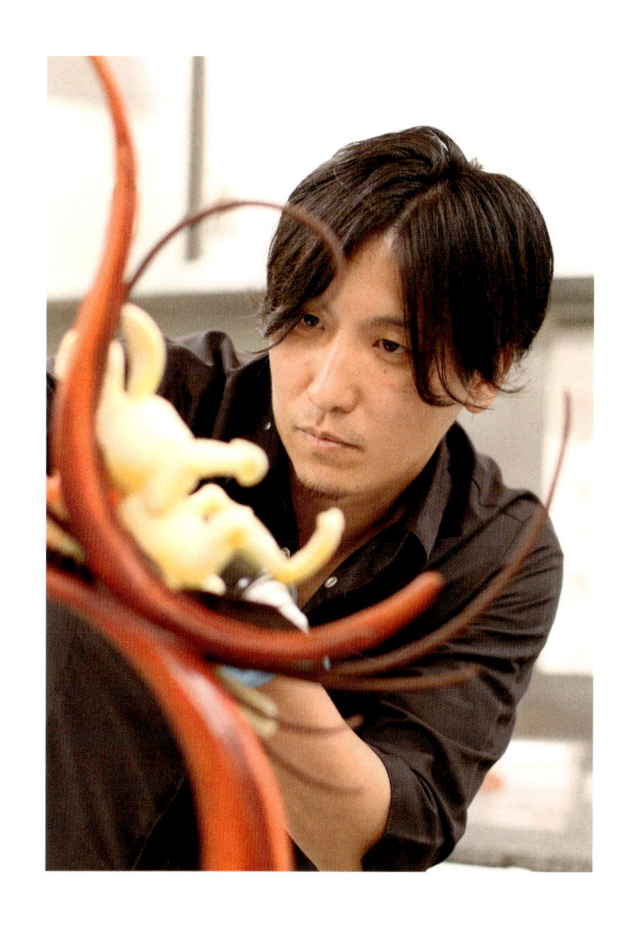

自分の世界観を多様な表現方法で形にできるのがピエスモンテの醍醐味です。アイデアを具現化するには知識と技術が必要ですが、本や人から学ぶことはもちろん、実際にチャレンジしてみて経験を積み重ねてこそ、知識も技術も深まります。日々素材にふれ、素材の特性を頭と感覚で理解できれば、それを扱う際の適温や力加減などもわかってきます。さらに理解が進めば、素材のコンディションの変化にも気を配れるようになるでしょう。最初は誰でも素人ですし、そこに至るまでには失敗も多分にあると思います。でも、それもまた貴重な経験であり、成長の肥やしになるのです。

作品を生み出すには「気持ち」も大切です。味づくりもそうですが、自分が楽しめなくては絶対によいものはできません。つくり手の思いは作品に反映され、見る人に伝わります。どれだけ楽しんでいるか、どれだけ真剣に取り組んでいるか、そうした気持ちの度合いが作品のできに影響するのです。ピエスモンテの世界に強い気持ちをもった挑戦者がどんどん現れることを願っています。

冨田大介 *Daisuke Tomita*
パティスリー カルチェ・ラタン ／ オーナーシェフ

———

1977年愛知県名古屋市生まれ。美術大学のデザイン学科を卒業後、「オテル ドゥ ミクニ」（東京・四谷）に勤務。「パティスリー エーグルドゥース」（同・目白）のスーシェフを10年務め、実家のパティスリーに戻り、2017年のリニューアルと同時にオーナーシェフに就任。08年のシャルル・プルースト杯では総合優勝、13年のクープ・デュ・モンド・ドゥ・ラ・パティスリーでは日本代表チームとして総合2位、ピエスショコラ部門では最優秀賞を獲得。

Contents

撮　影　上仲正寿、間宮博、川島英嗣
デザイン　伊藤泰久（ink in inc）
編　集　吉田直人、大坪千夏（café-sweets編集部）、
　　　　永井里果（café-sweets編集部）

本書は『café-sweets』vol.188〜vol.192の連載「細工の技術」と、vol.173の
特集内の技術講座を抜粋し、新規の作品を加えて大幅に加筆・再編集したものです。

チョコレートのピエスモンテ

Column

本書を使う前に

[材料について]

▶ **接着用のアメ**／無着色の流しアメ用のアメを、アメランプの下に流してやわらかな固形状にしたものと、鍋で炊いたままの液状のものの2種類を用意。基本的に、固形状のアメは比較的大きなパーツの接着に、液体のアメは小さなパーツの接着に使います。

▶ **チョコレート**／ダークチョコレート、ミルクチョコレート、ブロンドチョコレート、ホワイトチョコレートの4種類を使用。いずれも事前にテンパリングしておきます。温度調整などそのほかの事前準備が必要な場合は、材料欄あるいは作業工程内に記載してあります。

▶ **塗装用のリキッド色素**／アメのピエスモンテでは色粉とキルシュを混ぜ合わせたもの、チョコレートのピエスモンテでは色粉とカカオバターを混ぜ合わせたものを基本的に使っています。

[作業について]

▶ 材料となるアメを炊いたり、熱いアメを加工したりする際は、火傷しないように十分に気をつけてください。

▶ 室温の目安は20 〜 25℃です。

アメの
ピエスモンテ

技術指導：赤崎哲朗

艶やかで美しいアメ細工。流しアメ、吹きアメ、
引きアメの3種類の手法を適材適所で用いて、
アメならではの魅力を最大限に表現する。

覚えておきたい細工の種類とアメの炊き方

基礎編
Basic

アメ細工の種類

流しアメ
[シュクレ・クーレ]

シリコン製やアルミニウム製の型や、セルクルなどにアメを流して固めたもの。型を使わず、シルパットや紙に直接流したり、コルネで絞ることで、動きのある表現もできる。

引きアメ
[シュクレ・ティレ]

アメを引いて空気を含ませ、ツヤを出したもの。引くことで金属のようなニュアンスが加わり、輝きのある色合いを表現できる。引きすぎると逆にツヤがなくなるので、適切な引き具合になるようにコントロールすること。

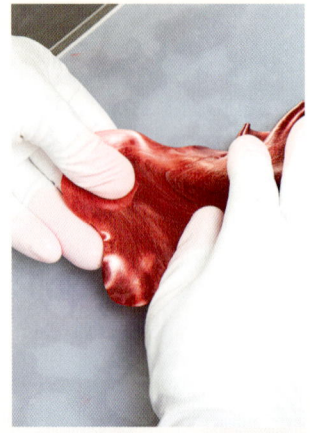

吹きアメ
[シュクレ・スフレ]

アメを丸め、指などでくぼみをつくってから、ポンプの管の先端を包むようにして接着し、空気を入れて膨らませたもの。膨らませてからのばし、ストロー状にすることもある。

アメの特性を理解し、仕事に合った配合を選ぶ

アメ細工用のアメの材料や配合は、パラチニット主体のパターンとグラニュー糖を使うパターンがある。作業温度帯、色やツヤ、固まりやすさ、強度などに微妙な違いがあるため、まずはいずれのパターンも試してみて各々の特性を掴むこと。アメの特性が自身の作業スタイルや作品に向くか向かないかが重要であり、作品のパーツごとに配合の異なるアメを使い分けても、同じ配合のアメですべてをつくってもよい。

そこを突き詰めていくと、自分ならではの配合や煮詰め温度が見えてくる。「配合1」「配合2」は一般的な配合だが、引きアメ＆吹きアメ用の「配合3」はオリジナルの配合で、煮詰め温度が高いのもポイント。炊き上がりはほかの配合と比べて固く、固まりやすいため、とくに小さなパーツをつくるうえでは扱いが難しい。その反面、ハリがあり、引いたときののびもよい。砂糖の褐色変化による深みのある発色も特徴だ。

アメを炊く ①
流しアメ（シュクレ・クーレ）用

材料・配合は、パラチニット主体のパターンとグラニュー糖を使うパターンの2種類。ここでは、色づきにくく、高い透明度を保てるパラチニットを使った流しアメ用のアメ（配合1）の炊き方を紹介する。

[材料・配合]

配合1 ［ 煮詰め温度：160〜170℃ ］
パラチニット…100%
※少量の水を加えてもOK。

配合2 ［ 煮詰め温度：150〜160℃ ］
グラニュー糖…100%
水…30%
水アメ…30%
酒石酸水素カリウム…0.1%
※グラニュー糖以下に記載してある材料の数値は、グラニュー糖の分量に対しての割合。

1 鍋に少量の水（分量外）を入れ、パラチニットを加えて強火にかける。あしらいのパーツや接着用のアメとして使う可能性も考慮し、多めに用意しておく。　A

2 鍋肌についたパラチニットを水を含ませた刷毛でぬぐう。　B〜C
　▶ 鍋肌についたシロップが結晶化すると、結晶が残って状態が悪くなる。

3 ときどき混ぜながら、170℃になるまで加熱する。次第に透明になってくる。この間、適宜、鍋肌をぬぐう。　D〜E
　▶ 水不使用の場合は鍋底が焦げやすいので適宜混ぜる。

4 火からおろし、水でぬらした布巾に鍋ごと置いて温度の上昇を抑える。アメランプの下に移して表面を保温しながら、空気が抜けるまでおく。気泡が残った場合は、気泡にバーナーの火をあてて消す。　F

アメを炊く ②

引きアメ（シュクレ・ティレ）&
吹きアメ（シュクレ・スフレ）用

材料・配合は、パラチニット主体のパターン1種類と、グラニュー糖を使うパターン2種類の計3種類。ここではグラニュー糖を使うパターンのうち、スタンダードな配合（配合1）で緑色に着色する方法を紹介。グラニュー糖を使う別の配合（配合3）については、11頁の「材料・配合について」を参照。

[材料・配合]

配合1 [煮詰め温度：160〜170℃]

グラニュー糖…100%

水…30%

水アメ…0〜30%

酒石酸水素カリウム…0.1〜0.8%

リキッド色素（赤・青・黄）…各適量

※グラニュー糖以下に記載してある材料の数値は、グラニュー糖の分量に対しての割合。　※吹きアメ専用につくる場合は、酒石酸水素カリウムの配合を0.1〜0.5%に調整する。　※リキッド色素はキルシュに色粉を混ぜ溶かしたもの。

配合2 [煮詰め温度：150〜180℃]

パラチニット…100%

色素（赤・青・黄）…各適量

※色素はキルシュに色粉を混ぜ溶かしたもの。

配合3 [煮詰め温度：180〜190℃]

グラニュー糖…100%

水…30%

水アメ…100%

酒石酸水素カリウム…0.1〜0.8%

リキッド色素（赤・青・黄）…各適量

※グラニュー糖以下に記載してある材料の数値は、グラニュー糖の分量に対しての割合。　※吹きアメ専用につくる場合は、酒石酸水素カリウムの配合を0.1〜0.5%に調整する。　※リキッド色素はキルシュに色粉を混ぜ溶かしたもの。

1 鍋にグラニュー糖、水、水アメ、酒石酸水素カリウムを入れて強火にかける。鍋肌についたシロップが結晶化しないように鍋肌についたグラニュー糖を水を含ませた刷毛でぬぐう。

▶ 鍋肌についたシロップが結晶化すると、結晶が残って状態が悪くなる。

2 165℃になるまで加熱する。アクが出たら網杓子でそっとアクを取り除く。着色する場合は、最初にほかの材料とともにリキッド色素を鍋に入れてもよいが、ここでは沸騰してからリキッド色素を加える。緑色のアメにする場合は、黄色を最初に加えてから青色を混ぜて調整し、最後にほんの少量の赤色を加えて深みを出す。

A〜E

写真Dは赤色を配合する前、Eは配合後。なお、赤色のアメにする場合は、赤色にほんの少量の青色をプラスすると深みが出る。

▶ 着色する場合、アメが煮詰まったところに色素を加えると、色素がとびちって鍋肌につき、焦げの原因になってしまう。

▶ 色素を入れるタイミングは2パターン。最初にほかの材料とともに鍋に入れると水分量が多い状態のためなじみやすく、沸騰してから加えるとある程度水分がとんだ状態のため仕上がりの色をイメージしやすいなど、それぞれにメリットがある。

▶ スプーンですくうと、色の濃淡を確認しやすい。

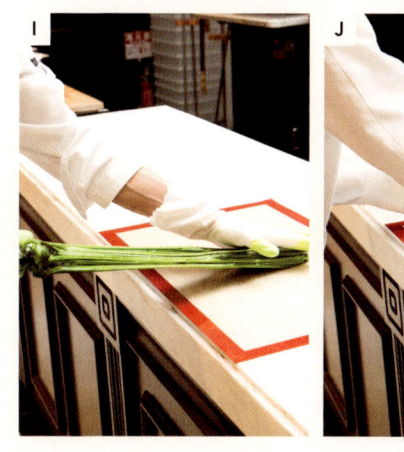

3 大理石の作業台にシルパットを敷き、②をシルパットに流して広げる。さわってみて手離れのよい状態になるまで、そのまま冷ます。　F

4 まわりから中心に向かって寄せ集め、ひとまとめにする。　G

5 手のひらで押して平らにし、折りたたむ。この作業を数回くり返す。　H

▶ 冷めた表面を中に折り込むようにすることで、均一に温度を下げやすくする。

6 アメの温度が下がって少し反発を感じる状態になったら、棒状にして端と端を持って細長くなるように引っ張る。2つ折りにして同様に引く。細工をするときにさらに引くことを考慮し、準備段階ではベストの状態の直前で引くのをやめる。　I〜J

▶ アメランプの下に置いて、温かくやわらかい状態を保っておくと、すぐにパーツづくりの作業に移れる。ときどきアメを転がし、段取りに合わせて保温状態を管理すること。

完成の色をイメージして色をつくる

着色のポイントは、完成形で表現したい色合いをイメージして色を調整すること。メイラード反応（砂糖の加熱による褐色変化）による色づきも考慮する。また、主体となる色にほぼ反対色となる色を加えると深みを表現できる。炊いたアメはそのまま固めると透明感のあるアメになり（左写真）、それを引くと空気が入り、銀色がかったツヤが出て白っぽくなる（中）。それをさらに引いて薄くすると、金属のような輝きのある色合いになる（右）。

炊いたアメをそのまま固めた状態 ／ 炊いたアメを引いてまとめた状態 ／ さらに引いて薄くした状態

アメのピエスモンテに使用するおもな道具

必須の道具類。左の写真は右から、ドライヤー、ゴム手袋、バーナー、ハサミ、カメラ用品を活用した自作の吹きアメ用ポンプ。ゴム手袋の下には薄手の布手袋を装着することもある。

自作した作業台は、移動しやすいように円形の台にキャスターを取り付けたもの。衝撃吸収マットは取りはずし可能だ。見た目にもこだわり、きちんと塗装を施した。

ツジ・キカイと共同開発したアメランプ「アメリ」。遠赤外線セラミックヒーターや細かな温度調整が可能な機能など、自身の希望を随所に反映させた。

アメのピエスモンテ

初 級 編

基礎技術の習得 &
構図の工夫で印象的に魅せる

Beginner

リボンで輪郭をつくるなど、
構図を工夫しながら基礎技術を"魅せる"。
空中にパイピングするイメージで制作する。
謳わなくてもテーマが伝わる
印象的な作品づくりを志向。
今回のテーマは「春の色」。

アメの特性を理解して
ツヤと色をコントロールする

　アメのピエスモンテの魅力は、美しいツヤと透明感、軽さを表現できること。それらを踏まえ、まずは構想を練りましょう。テーマを決め、色の組合せやデザインを考え、頭の中のイメージを視覚的に確認するためにスケッチをします。私の場合は、重心の位置やバランスを確認しつつ、作品の流れを考えます。作品の曲線に続く目には見えない線が空中にあるイメージ。その見えない線でパーツどうしをつなげると、作品全体が美しくまとまるのです。

　アメは、色の選択肢が無限にあります。色の三原色の組合せと光沢度合でどんな色合いも生み出すことができ、クリアに表現できます。たとえば緑一つをとっても、自然界における緑は、春や夏、秋など季節によって印象が違うものです。春の淡い緑、夏の青々しい緑、秋の赤みがかった緑……。そうした季節に合った色合いをアメで表現することができるのです。色彩をコントロールし、狙った色をつくり出すことは、作品に深みを生み、個性の表現にもつながります。もちろん、アメの特性を考慮することは大前提。メイラード反応（砂糖の加熱による褐色反応）による色づきも計算に入れておきましょう。また、同じ色でもアメの厚みによって色の見え方は変わります。透明のアメにも注意が必要です。透明のアメはどんな色とも合いますが、近くのパーツの色が映り込むので、その影響も考えましょう。色彩に迷ったら、テーマから連想するシーンに思いを馳せること。色の組合せ方は洋服のコーディネートにも似ていますね。

　個々のアメ細工は、つくり手の表現したいものが、見る人に違和感なく伝わることが重要です。バラであれば、本物のバラをじっくりと観察して特徴をとらえましょう。アメは曲線や凹凸によって光と影のコントラストができます。アメ細工の最大の魅力であるツヤの見せ方をコントロールすることは、必須となる技術であり、つくり手の腕の見せどころです。

　もっとも美しくツヤが出る瞬間を見極め、時間の制約があるなかで、どれだけそのツヤを保持しながら自分の理想を手作業で造形することができるのか。完成度の高い作品はていねいな手作業から生まれるのです。

PROCESS | 工程

1. 構想　　　テーマを決め、色合いやデザインを考える。

2. スケッチ　　アイデアを具体化させるため、スケッチをする。

3. アメを炊く　　流しアメ(シュクレ・クーレ)、引きアメ(シュクレ・ティレ)、吹きアメ(シュクレ・スフレ)に使うアメを
　　　　　　　　それぞれ炊く。必要に応じて着色する。一部は接着用に使用する*。

4. 土台づくり　　流しアメで土台のパーツをつくり、組み立てて土台にする。

5. パーツづくり　引きアメや吹きアメなどの手法を用いて、
　　　　　　　　主役のバラやあしらいに使うパーツをつくる。

6. 輪郭づくり　　輪郭をつくるパーツを土台に接着する。
　　　　　　　　作品全体の輪郭に大きく影響する主役のバラも接着する。

7. あしらい・仕上げ　おもなパーツを接着し、細かなパーツを加えて仕上げる。

＊接着用のアメ／無着色の流しアメ用のアメを、アメランプの下に流してやわらかな固形状にしたものと、鍋で炊いたままの液状のものの2種類を用意。基本的に、固形状のアメは比較的大きなパーツの接着に、液状のアメは小さなパーツの接着に使う。

SKETCH | スケッチ

基本的に見せたいものを真ん中に配置。今回は主役のバラをいちばんに描き、ラインを意識しながら土台を含めた作品全体の輪郭を考えた。見る人の目線を考慮し、バラは真正面から見える角度に。

土台づくり

色づきにくく、高い透明度を保てるパラチニットを使って炊いた無着色の流しアメ（シュクレ・クーレ）用のアメで土台をつくる。

POINT

❶ シリコンマットに流すと、上面はつるんとした質感になり、底面には細かな気泡が入る。気泡の入った底面を裏側として奥行のある印象に。

❷ 余ったアメを使って接着作業を行う。パーツ自体にもバーナーの火をあてて少し溶かして重ねることで、接着強度を高める。

1 11頁の材料・配合、つくり方で、流しアメ用のアメを炊く（以降、アメを炊く工程については省略。11 ~ 13頁を参照。いずれの場合も事前に準備しておく）。　**A**

2 作業台にオーブンシートを敷き、シリコンマットを重ねる。直径15cm、同12cm、同6cmの3種類のセルクルの内側側面にそれぞれスプレーオイルを吹き付け、シリコンマットに置く。セルクルに①を静かに流し入れる。流し入れたアメの厚さは、直径15cmが約1cm、同12cmと同6cmがそれぞれ約1.5cm。目立った気泡があれば、バーナーの火をあてて消す。室温で冷まして固める。　**B~C**

3 作業台にオーブンシートを敷き、シリコンマットを重ねる。厚さ1cmのバール4本を内側が30×5cmほどの長方形になるように置き、バールの内側側面にスプレーオイルを吹き付ける。バールで囲った部分に①を静かに流し入れる。目立った気泡があれば、バーナーの火をあてて気泡を消す。室温で冷まして固める。　**D**

4 ③が固まったら型をはずす。
　▶ 跡がつきやすいので、ベタベタさわらないこと。

5 オーブンもしくはアメランプで保温しながら、上面（質感がつるんとしている面）が外側にくるように2つに折　**E~G**

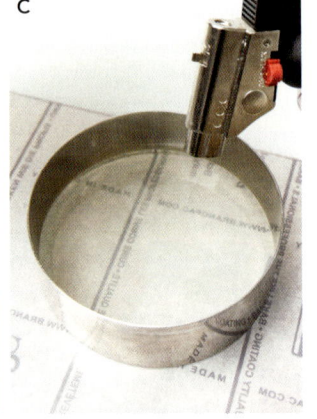

り曲げて変形したしずく形にする。オーブンシートを外側に巻いたセルクルなどにあてて曲げると美しい曲線をつくりやすい。端と端を合わせ、合わせ目を少しねじって変化をつける。

6 接着用のアメを準備する。余った無着色の流しアメ用のアメをふたたび火にかけ、とろりとした状態にする。

7 ②が固まったらセルクルをはずす。円盤状のアメ細工が3つできる。そのうちの直径12×厚さ約1.5cmのアメ細工に⑥で準備した接着用のアメを少量のせ、バーナーの火をあてる。直径15×厚さ約1cmのアメ細工を重ね、指で押さえてしっかりと接着する。 H~I

8 ⑦の中央に接着用のアメを少量のせ、バーナーの火をあてる。直径6×厚さ約1.5cmのアメ細工の裏側全面にバーナーの火をあてて少し溶かし、中央に重ねる。指で押さえ、しっかりと接着する。 J

9 ⑧の中央にバーナーの火をあてて少し溶かし、接着用のアメを少量のせる。⑤のしずく形にしたアメ細工の底になる部分もバーナーの火をあてて少し溶かし、これらを接着する。接着部分にエアダスター（冷気が出ないタイプ）などで風をあてると乾きやすい。 K~L
▶ 接着する前に、完成形をイメージしながらそれに合った角度やバランスを考えること。また、冷気が出るタイプのエアダスターを使うとアメが損傷する恐れがあるので注意。

身近な道具を型として活用する

セルクルやパールなどふだん使っている製菓道具も型として利用できる。日々の菓子づくりの延長線上にある取り組みであることを忘れずに、まずは身近な道具を使うことを考えよう。

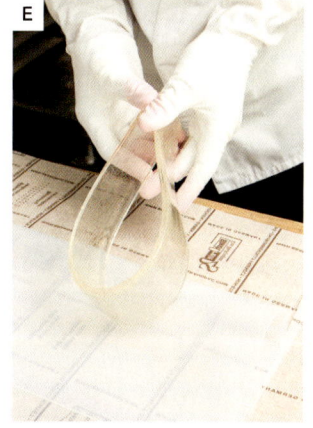

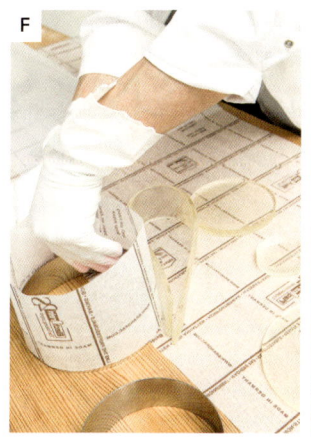

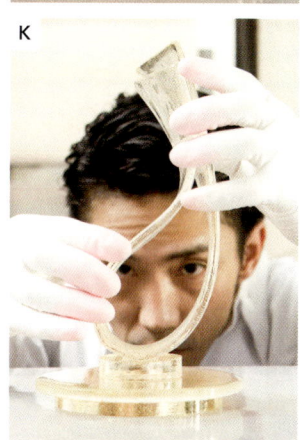

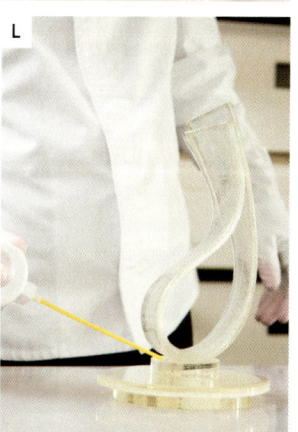

パーツづくり ①
［ バラをつくる ］

炊いたアメを使っておもなパーツをつくる。まず
は、今回の作品の主役となるバラを制作する。バ
ラは、私にとってアメ細工の「基礎中の基礎」で
あり、大定番。花びらの枚数を変え、大・中・小
の3サイズのバラをつくる。

POINT
❶ 位置をずらしながら花びらを接着する。
❷ 花びらと花びらの間に適度な空間をあけ、光りのあ
たる部分とあたらない部分のコントラストを表現する。

1 赤色の引きアメ用のアメを引いてツヤを出す。

2 ツヤが出たらまとめて平らにし、一部を両手の指で挟　**A**
み、引っ張るようにして広げながら薄くする。薄くな
るにつれてツヤが増す。
　▶ 薄くして切り出したアメ（花びら）を水平に置いて真
横から見たとき、先端が細い線に見えるように、部分
的に厚みをコントロールしながら引っ張る。全体的に
薄いほうが繊細さをアピールできる。

3 薄くしてツヤが出た部分に親指の腹をあて、親指を押　**B~C**
し込みながら引っ張ってのばし、ハサミで切り取る。
　▶ 親指の腹のカーブを利用して、花びらの輪郭をつく
るイメージ。全体的に薄くなるように意識すること。

4 ハサミで切った部分が下にくるようにして持ち、横に　**D~E**
くるんと巻く。このとき、ふっくらとした見た目になる
ように、中心に適度に空洞をつくること。根元の部分
は細く絞る。これをバラの芯とする。

5 ②~③と同様にしてアメを薄くし、切り取る。ハサミ　**F**
で切った部分が下にくるようにして持ち、④でつくっ
た芯に巻き付けるようにしてあてる。根元にバーナー
の火をあてて接着する。これをくり返し、芯のすぐ外
側に2枚、さらにその周囲に3枚の計5枚を接着し、つ

A
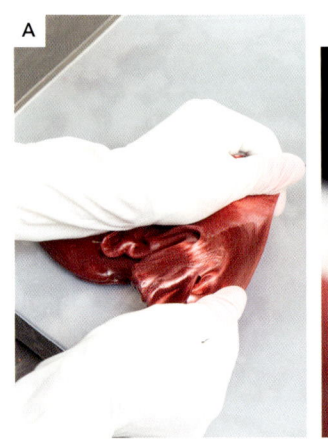

C
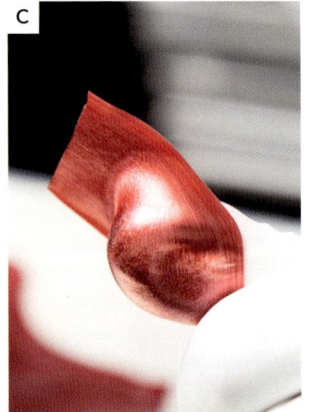

B
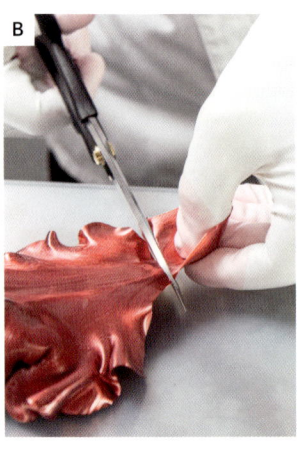

D
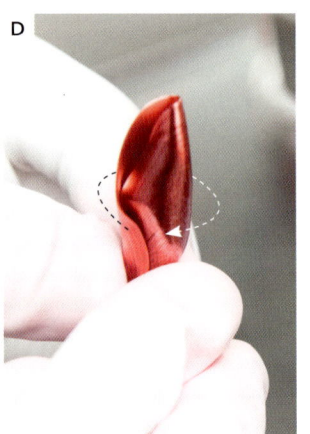

ぼみのような形にする。これを3個用意する。

6 花びらの形状を変える。②〜③と同様にしてアメを薄 　G~H
くし、ハサミで切り取る。上側の縁の部分を外側に曲
げてカーブをつくる。
　▶ 引きアメは曲げたり、折ったりして形をつくると、
それによってできた湾曲部分や凸部分が光の影響を強
く受けて輝く。この特性を踏まえて成形するとツヤを
効果的にアピールできる。

7 ⑥をハサミで切った部分が下にくるようにして持ち、 　I~J
⑤に巻き付けるようにしてあてる。根元にバーナーの
火をあてて接着する。

8 ⑥〜⑦をくり返し、花びらの枚数を変えて3サイズのバ
ラを仕上げる。小サイズのバラは⑤のまわりに3枚を接
着する。中サイズと大サイズのバラは⑤のまわりに3枚、
さらにその外側に3〜5枚を接着する。
　▶ 貼り付ける花びらは、徐々に大きくしていくこと。

仕上がったパーツは
壊れないように注意

ラップフィルムをリング状に巻いたものを簡易
的な台座とするのがおすすめ。その上にバラを
根元を下にして置くと安定感が出て壊れにくい。

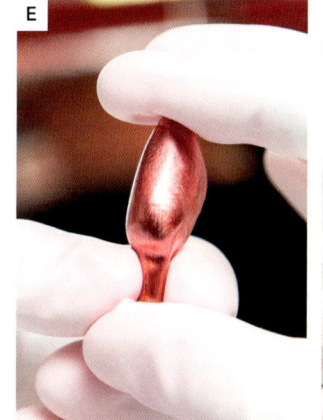 E

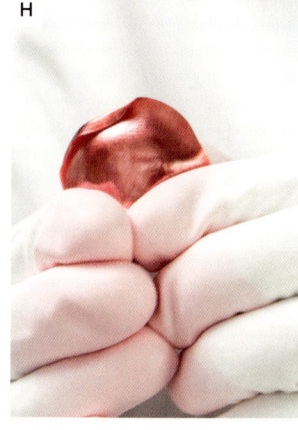 H

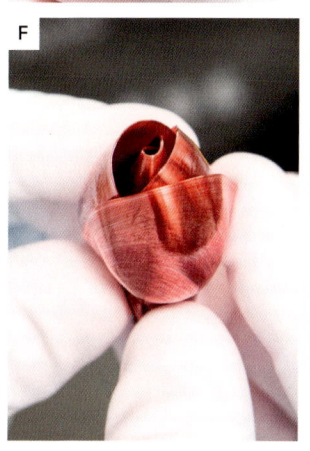 F

 I

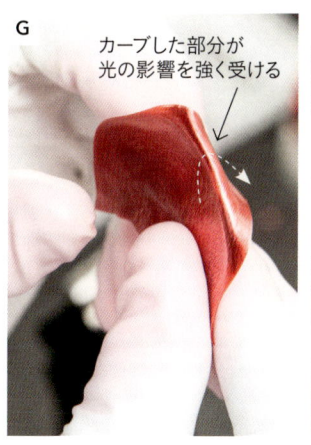 G

カーブした部分が
光の影響を強く受ける

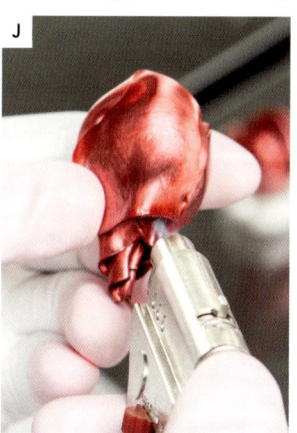 J

しっかりと引いて美しいツヤを出す

引きが足りず十分に空気を含んでいないアメは、これ以上
薄くのばすと透けて向こうが見えてしまう。しっかりと引
いたアメは透けずにツヤが出る。ただし、引きすぎるとツ
ヤがなくなるので注意。温度を均一に下げていき、ツヤが
出るタイミングを見逃さないこと。薄くなると急激に温度
が下がり、固まりやすくなるので手ばやく作業する。

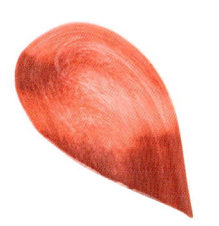
しっかりと引いたアメ

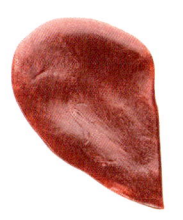
引きが足りないアメ

パーツづくり ②
[バラ以外のパーツをつくる]

輪郭づくりとあしらいに使うおもなパーツをつくる。
引きアメ(シュクレ・ティレ)用のアメで白いカラー
の花びらや緑の葉、緑のリボン(28頁)を、吹きア
メ(シュクレ・スフレ)用のアメで緑の球体などを
つくるほか、流しアメ(シュクレ・クーレ)用のアメ
で動きのある半透明のアメ細工も制作する。

POINT

❶ 吹きアメ用の緑色のアメはしっかり引いて、自分の顔
が映り込むくらいにツヤが出ている状態に準備しておく。
❷ 流しアメ用のアメは透明度が高く、紙に流して固める
と、すりガラスのような半透明の状態になる。

動きのある半透明のアメ細工

緑の球体

緑の葉

白いカラーの花びら

緑の球体

1 緑色の吹きアメ用のアメを引いてツヤを出す。 A

2 「緑の葉」と「白いカラーの花びら」の色合いの"つなぎ役"として、この2つのパーツの中間色となる薄い緑色にするため、①のツヤを出した緑色のアメに白色の吹きアメ用のアメを重ねて切り出し、2つ折りにしてのばす作業を数回くり返す。この作業により、色合いを均一にしながらツヤを出し、厚みも均一にする。 B~C

3 ツヤが出て均一な厚みになったら手ばやくくぼみをつくり、ポンプの管の先端を包むようにして密着させる。空気がもれないように、隙間をつくらないこと。 D
　▶ ポンプの管の先をバーナーで温めておくと、アメが密着しやすい。

4 アメとポンプの管を密着させた部分を手でしっかりと押さえながら、空気を入れる。このとき、全体が均一に膨らんで丸くなるように、管がはずれないように注意しながらアメ全体を適宜動かす。同時進行で手で押さえている部分を絞って細くする。 E~F

5 適度な大きさになったらポンプの管のをまわしながら抜く。根元の細くした部分をハサミで切り落とし、形をととのえる。 G~H
　▶ 根元が固い場合はバーナーで温めておくと作業しやすい。

A

E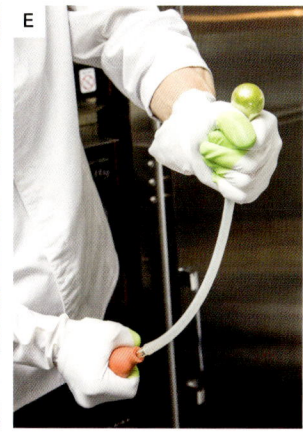

B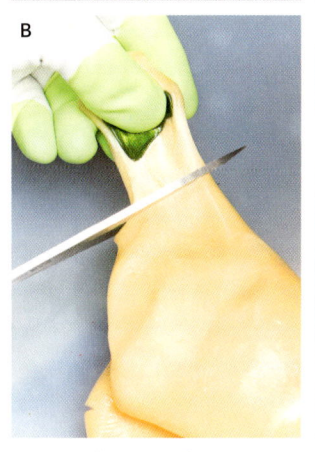

F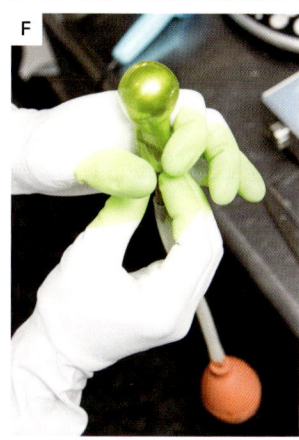

C

G

D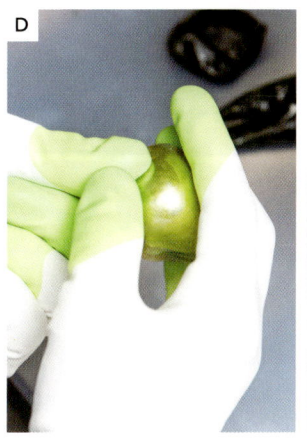

H

白いカラーの花びら

1 白金色の引きアメ用のアメ（着色せずに炊き、ごくわずかに焦がして引いたアメ）を引いてツヤを出す。

2 ツヤが出たらまとめて平らにし、一部を両手の指で挟み、引っ張るようにして広げながら薄くする。　**A**

3 薄くした部分を指でつまんで長めにのばし、斜めにハサミを入れて切り取る。　**B**

4 ハサミで切ってとがった部分が花びらの先端になるようにして、大きく横にくるんと巻き、形をととのえながら根元を絞って細くする。　**C~D**

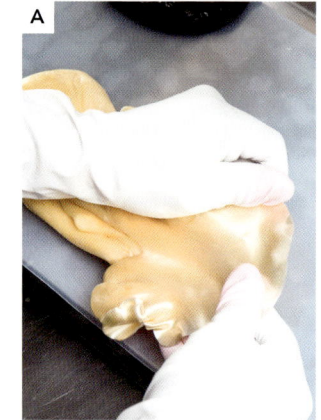

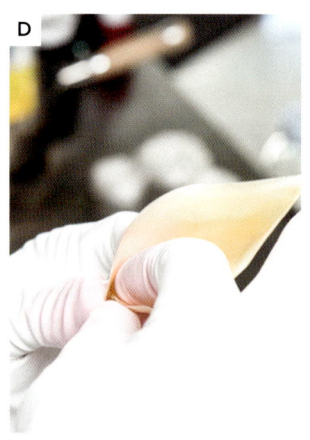

花びらの先端になる

白いカラーの茎

1 緑色の吹きアメ用のアメを引いてツヤを出す。

2 「緑の葉」と「白いカラーの花びら」の色合いの"つなぎ役"として、この2つのパーツの中間色となる薄い緑色にするため、①のツヤを出した緑色のアメに白色の吹きアメ用のアメを重ねて切り出し、2つ折りにしてのばす作業を数回くり返す。この作業により、色合いを均一にしながらツヤを出し、厚みも均一にする。

3 ツヤが出て均一な厚みになったら手ばやくくぼみをつくり、ポンプの管の先端を包むようにして密着させる。空気がもれないように、隙間をつくらないこと。

4 アメとポンプの管を密着させた部分を手でしっかりと押さえながら空気を少しずつ入れ、空気が入ったらアメを引っ張ってのばす。この作業をくり返す。　**A~B**
　▶ 今回は茎なので、根本の部分は太めに、花びらを接着する部分は細めにする。

5 適度な長さになったら、切断したい部分をバーナーの火をあててやわらかくし、ハサミで切り落とす。すぐに切り口をシリコンパットなどに押し付け、さらにハサミで縁を広げながら形をととのえる。　**C~D**
　▶ 縁を広げて空洞部分に花びらの根元を入れやすくする。

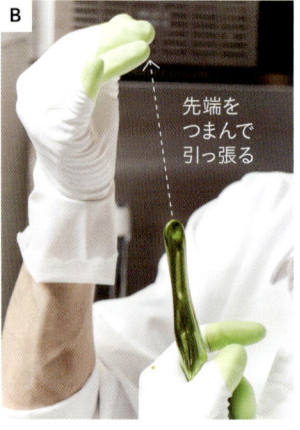

先端をつまんで引っ張る

動きのある半透明のアメ細工

1 板にオーブンシートを敷き、無着色の流しアメ用のア　A~B
メをゴムベラなどで適量すくって好みの大きさ、形に
たらす。室温で冷やし固める。

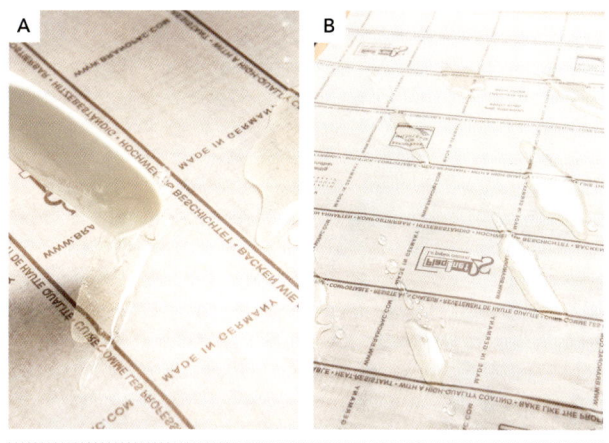

緑の葉

1 緑色の引きアメ用のアメを引いてツヤを出す。

2 ツヤが出たらまとめて平らにし、一部を両手の指で挟　A
み、引っ張るようにして広げながら薄くする。

3 薄くした部分を指でつまんでのばし、幅をもたせなが　B
ら斜めにハサミを入れて切り取る。

4 ③をシリコン製の葉の型で挟み、カーブと葉脈の模様　C~F
をつける。型をはずし、葉先にあたる部分を少し反ら
せる。

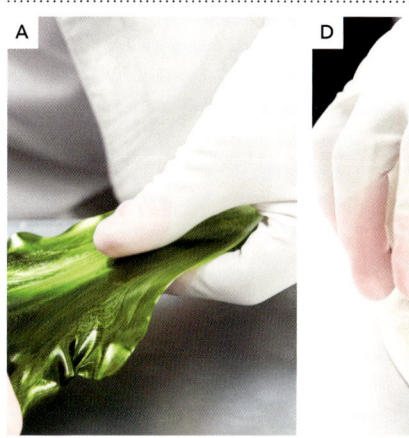
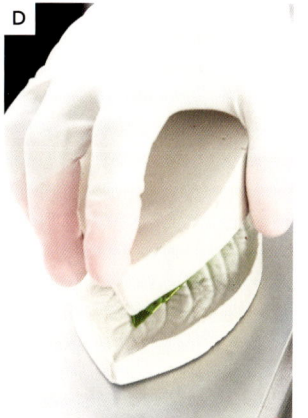

葉脈を美しく見せる自作の押し型

葉の成形には自身で手づくりしたシリコン製の
押し型を使用。しっかりとプレスしてカーブと
葉脈を表現する。

緑のリボン（輪郭づくり用）

1 緑色の引きアメ用のアメを引いてツヤを出す。

2 カーブさせたリボンと輪にしたリボンをつくる。①の
アメを棒状にし、少し引っ張ってのばす。端と端を合
わせて半分に曲げ、輪になった部分をハサミで切る。
同サイズのアメの棒が2本できる。

3 2本のアメの長辺をぴったりと密着させて貼り合わせ、
両端（短辺）を持って引っ張る。　A
　▶ 2本のアメをアメランプの台に置き、厚みを均一に
しながら手で押さえるようにして密着させると、しっ
かりとくっつく。

4 端と端を合わせて半分に曲げ、輪になった部分をハサ
ミで切る。できたアメの棒2本をふたたび長辺をぴっ
たりと密着させて貼り合わせ、両端（短辺）を持って引っ
張る。この作業をもう1回行う（8層になる）。端と端を
合わせて半分に曲げ、輪になった部分をハサミで切る。　B

5 ふたたび長辺をぴったりと密着させて貼り合わせる（16
層になる）。両端（短辺）を持って引っ張り、適度な薄さ、
長さにのばす。端の余分なアメをハサミで切り落とす。　C～E
　▶ 薄くなればなるほど固まって壊れやすくなるので手
ばやく作業すること。

6 アメランプの下で少し温めてやわらかくし、適宜曲げ
てカーブをつける。セルクルを使うとカーブをつけや　F
すい。先端をとがらせたい場合は、部分的にアメラン
プで温めながら、先端をつまむようにして引っ張り抜
く。輪にする場合は、カーブをつけて端と端を接着する。

輪郭づくり・あしらい・仕上げ

全体のラインの構成要素となる緑のリボンを、主役のバラとともに土台に取り付けて輪郭をつくる。全体のバランスを見ながら、ほかのパーツをあしらう。最後に軽やかさを演出する細かなパーツを取り付ける。

POINT

❶ 土台と緑のリボンの線が、なめらかな曲線を描くようなイメージで輪郭をつくる。
❷ くるんとした細い糸状の透明のアメ細工で軽やかさを演出する。

1 センターにボリュームを出す作品のため、最初に主役となる存在感たっぷりの赤いバラ（大・中）を土台に取り付ける。土台の先端に接着用の固形のアメをつけ、バーナーの火をあてて少し溶かし、バラを接着してエアダスターの風をあてて接着部分を固める。　　A~C

2 土台の曲線を上へと延長させるイメージで、カーブさせた緑のリボンを接着用の固形のアメで①と同様にして接着する。輪にした緑のリボンは土台のカーブに沿わせるイメージで①と同様にして接着し、輪郭をつくる。　　D~E

3 白いカラーの花びらと茎を組み立てる。細長く成形した茎の先端にバーナーの火をあて、空洞部分に花びらの根元をさし込んで接着する。あしらう位置によっては、茎を土台に取り付けてから、花びらを茎に接着してもよい。　　F

4 バラ（小）、葉、組み立てた白いカラーの花びらと茎、緑の球体、動きのある半透明のアメ細工を接着していく。接着する部分に接着用の固形のアメをつけてバーナーの火をあて、土台などに接着してエアダスターの風をあてて接着部分を固める。あしらう位置によっては、固形の接着用のアメを使わず、接着部分に直接バーナーの火をあてて溶かして接着してもよい。　　G~I

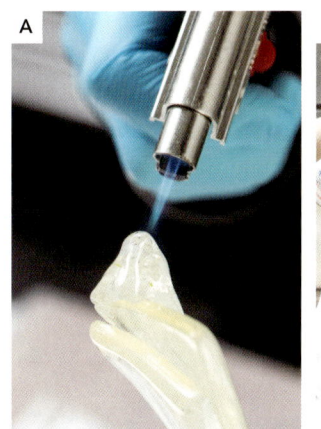
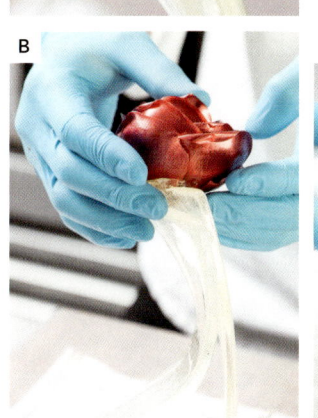
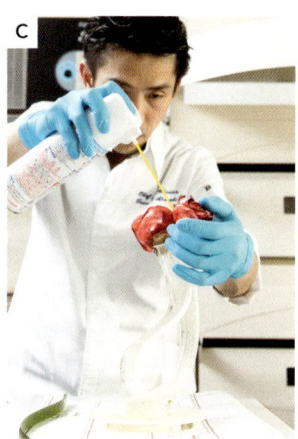

5 白いカラーの花びらの中に入れる、おしべを模したア
メ細工をつくる。土台に使用した無着色の流しアメ用
のアメをシリコンマットに流し、手で丸められる固さ
になったら少量とって転がし、片方の先端を細くしな
がら棒状にする。

6 ⑤の細くした先端に接着用の液体のアメをつけ、白い　J
カラーの花の中に接着してエアダスターの風をあてて
接着部分を固める。
　▶ 全体のバランスを見ながら角度を変えられるように、
　おしべは仕上げに近い段階で取り付ける。

7 透明の糸状のアメ細工をつくる。土台に使用した無着　K〜L
色の流しアメ用のアメをシリコンマットに流す。手で
丸められる固さになったら少量とって転がし、アメラ
ンプの下で両端を持って引っ張り、片方の先端を細く
しながら糸状にする。すぐに曲げて曲線をつくる。

8 ⑦の太いほうの先端に接着用の液体のアメをつけ、バ
ランスを見ながら土台に接着し、エアダスターの風を
あてて接着部分を固める。

E

I

F

J

G

K

H

L

中級編

基礎技術の応用＆
手で形づくる繊細なパーツ

Intermediate

球体を変形させたり、
マジパンのような細工を施したりと、
初級編から一歩進んだ手仕事で
"魅せる"技術を随所に盛り込む。
深い赤や青、青々とした緑など、
はっきりとした色合いで夏をイメージ。

手仕事による造形美を表現。
光の反射と透明感も意識

　初級編では、バラの花や球体など基礎中の基礎ともいえるモチーフをつくり、作品の"魅せ方"を意識した構図や色彩の合わせ方、ツヤの見せ方などについて説明しました。中級編ではさらに一歩進み、手作業で生み出す曲線を生かした造形美を意識しながら作品をつくります。

　主役となる女性をかたどったアメ細工は、型を使わずにフリーハンドで制作。スカートは球体にした吹きアメ（シュクレ・スフレ）を変形させ、ジャケットはシート状の引きアメ（シュクレ・ティレ）用のアメでつくります。顔や腕、足、髪の毛などは流しアメ（シュクレ・クーレ）用のアメを使ってマジパン細工の要領で仕上げ、髪飾りやシャツは基本的な技術を用いる花びらと同じ要領でつくり、動きと華やかさをプラスします。

　初級編は基本的に完成したパーツを積み上げていきましたが、中級編ではパーツをつくりながら組み立てていく手法を採用します。途中でデザインを変えたり、形や色彩を調整したりできる自由度の高さはオリジナリティの表現につながります。この作品の軸は上から下への一直線ですが、手作業ならではの曲線を生かしたパーツを盛り込むことで、やわらかな動きのある印象に仕上がるのです。

　また、光の反射と透明感の表現もポイント。たとえば、吹きアメの手法でつくる準主役のチェリーは、無着色の引きアメ用のアメに透明感がありつつ濃度の高い赤色の流しアメ用のアメを重ねて使うことで、奥行のある風合いに仕上げます。土台の球体には星模様の小さな流しアメを隙間なく貼り付け、光をキラキラと反射させます。チェリーと女性の間にも同様の工夫をした小型の球体を挟み、チェリーの輪郭をくっきりと打ち出しつつ、チェリーにできるだけ光があたるようにします。

　型を多用するガラス細工のようなピエスモンテも美しいですが、私は手仕事から生まれる動きのある造形が好みです。そのぶん高い技術やていねいさが求められますし、そのためにもアメの特性を熟知している必要がありますが、手仕事ならではの造形美こそがアメ細工の醍醐味だと思います。アメ細工ならではの造形を楽しんでもらいたいですね。

1.	構想	テーマを決め、色合いやデザインを考える。
2.	スケッチ	アイデアを具体化させるため、スケッチをする。
3.	アメを炊く	流しアメ(シュクレ・クーレ)、引きアメ(シュクレ・ティレ)、吹きアメ(シュクレ・スフレ)に使うアメをそれぞれ炊く。必要に応じて着色する。一部は接着用として使用する*。
4.	土台づくり	流しアメで土台のパーツをつくり、組み立てて土台にする。
5.	パーツづくり・輪郭づくり・組立て	引きアメや吹きアメの手法でパーツをつくり、作品全体の輪郭を意識しながら土台などに接着して組み立てる。
6.	あしらい・仕上げ	あしらいに使う細かなパーツをつくって接着し、仕上げる。

＊接着用のアメ／無着色の流しアメ用のアメを、アメランプの下に流してやわらかな固形状にしたものと、鍋で炊いたままの液状のものの2種類を用意。基本的に、固形状のアメは比較的大きなパーツの接着に、液状のアメは小さなパーツの接着に使う。

SKETCH | スケッチ

今回は主役をいちばん上に配置。軸はセンターを通る縦の垂直線だが、手作業ならではの曲線の表現を意識して輪郭をつくり、やわらかい印象に。赤、白、青、緑をバランスよく配して統一感も出す。

土台づくり

色づきにくく、高い透明度を保てるパラチニットを使って炊いた無着色と薄い緑色の流しアメ（シュクレ・クーレ）用のアメで土台をつくる。緑色の薄い円盤状のアメ細工を重ね、光の屈折でキラキラと輝く細工を施した球体をのせる。

POINT

❶ 円盤状のパーツはデスクマットとセルクルを使って成形することで、透明感があり、つるんとした質感に仕上がる。

❷ 星形の模様をつけた小さな細工を球体に隙間なく貼り付けて、華やかさをプラスする。

1 無着色と薄い緑色の流しアメ用のアメを炊く。薄い緑色に着色するものは、沸騰したら黄色の色素を加え、そこに青色を混ぜて薄い緑色に調整する。

2 デスクマットに直径15cmと同12cmのセルクルを置き、内側側面にオーブンシートを沿わせる。さらに、セルクルの内径に合わせて切ったデスクマットを、オーブンシートの上から沿わせる。

3 ②のセルクルに薄い緑色に着色した①を静かに流し入れる。流したアメの厚さは直径15cmのセルクルが約1cm、同12cmが約2cm。目立った気泡があれば、バーナーの火をあてて気泡を消す。室温で冷まして固める。
▶ セルクルにアメを直接流す場合、セルクルの内側側面にオイルを塗る必要があり、オイルにふれる部分は透明度が若干低くなる。デスクマットを使うとオイルを塗らずに流せるため、高い透明度を保てる。

4 上部に小さな穴があいている直径6cmと同2.5cmのシリコン製の球状の型（右頁の欄外の左写真）に、それぞれ小さな穴から無着色の①を静かに流す。室温で冷まして固める。

5 無着色の①をコルネに入れ、デスクマットを使った小さな星形の型（デスクマットの表面を彫刻刀で小さな

A

B

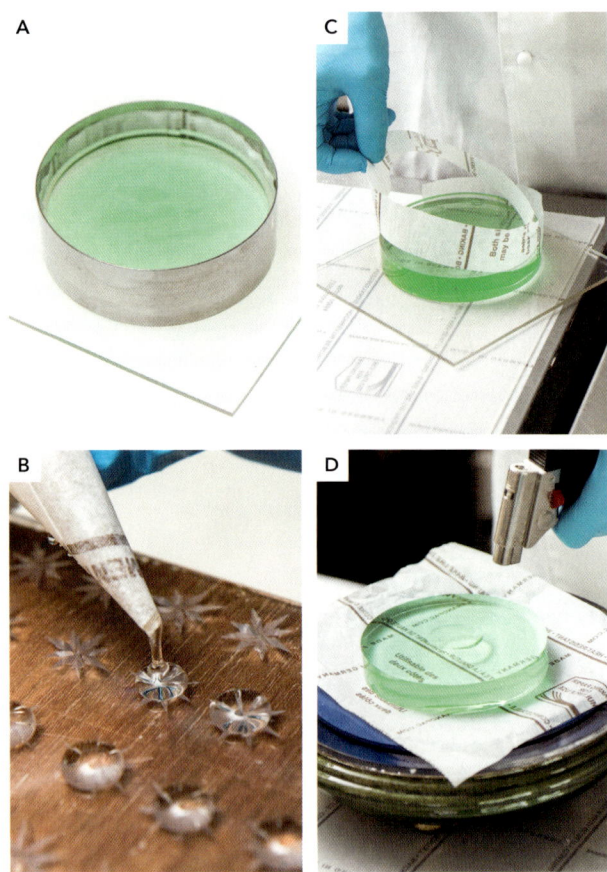

星形に削ったもの）に絞る。室温で冷まして固める。

6 ③が固まったらセルクルをはずし、デスクマットとオー C~D
ブンシートをはがす。円盤状のアメ細工が2つできる。
そのうちの直径12×厚さ約2cmのアメ細工を、オー
ブンシートを敷いた自作の作業台（回転台／14頁参照）
に置き、中央に接着用の液体のアメを少量のせてバー
ナーの火をあてる。

7 ⑥に直径15×厚さ約1cmのアメ細工を重ね、指で押さ E
えてしっかりと接着する。

8 ④のシリコン製の型をはずす。球状のアメ細工が2つ F
できる。いずれも写真のように表面に細かな気泡が浮
いているので、全体にバーナーの火をあてて気泡を消
し、つるんとしたなめらかな状態にする。

9 ⑤をデスクマットからはずし、星形の模様がついた部 G
分を下にして⑧の表面にあて、上からバーナーの火を
あてて接着する。これをくり返し、球状のアメ細工の
表面全体を⑤でおおう。2つの球状のアメ細工にそれ
ぞれこの作業を行い、小さいほうはチェリーの実と土
台の組立て時に使うので、それまで保管しておく。
▶ 星形の模様を下にして貼り付けたほうが光がきれい
に反射しやすい。

10 ⑦の中央にバーナーの火をあてて少し溶かし、接着用 H
の液体のアメを少量のせる。

11 ⑨の底になる部分にバーナーの火をあてて少し溶かし、 I~J
⑩の接着部分にのせて接着する。接着部分にエアダス
ター（冷気が出ないタイプ）などで風をあてると乾き
やすい。
▶ 接着する前に角度やバランスを考えること。また、
冷気が出るタイプのエアダスターを使うとアメが損傷
する恐れがあるので注意。

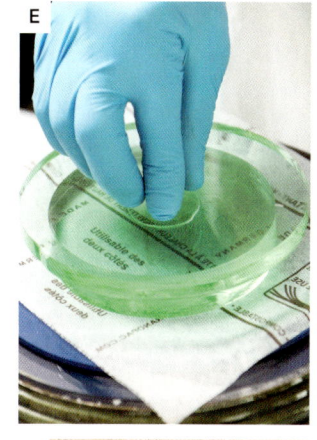

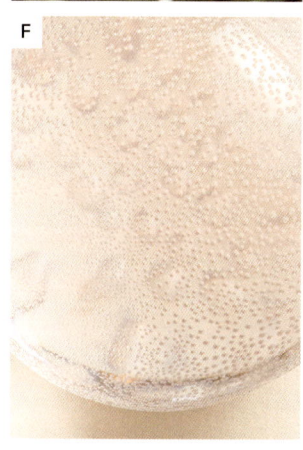

製菓用以外の道具も活用して個性を出す

デスクマットやドリンクに入れる氷用の型なども活用。
デスクマットは、彫刻刀を使って小さな星形などを彫る
と型としても活躍する。

パーツづくり・
輪郭づくり・組立て ①
[チェリーの実をつくる]

おもなパーツをつくる。まずは存在感たっぷりの
チェリーの実を吹きアメ(シュクレ・スフレ)の手
法で制作。真っ白なアメと、深みのある赤色のアメ
を用意し、それらを重ねて貼り合わせ、空気を
入れる。できたチェリーの実と土台を接着し、
チェリーと女性の間に挟む球状のアメ細工をバ
ランスを見ながら取り付ける。

POINT

❶ 2種類のアメを重ねることで透明感と奥行を出す。
❷ 作品全体としての強度を高めるため、軸のラインに
あたる部分を厚めに仕上げる。

1 無着色の引きアメ用のアメを引いてツヤを出す。ツヤ　A
が出るとともに、空気を含んで銀色っぽい色みになる。

2 ①の一部をとって丸めて平らにし、均一な厚みとツヤ　B
のある状態を保ちながら手ばやくくぼみをつくる。

3 赤色の流しアメ用のアメを厚さ5〜7mm程度に円盤状　C
にのばし、②にかぶせる。

4 ポンプの管に、先端を少し残したまま無着色の引きア　D
メ用のアメを巻く。

5 ④の管の先端からアメを巻いた部分まで包むように、　E
③を赤い面を外側にして密着させる。空気がもれない
ように、隙間をつくらないこと。

6 密着させたアメとポンプの管を手でしっかりと押さえ　F〜H
ながら、空気を入れる。ある程度空気が入ったら、先
端が少しとがるようにアメランプの台の上で手で直接、
あるいはデスクマットをあてた上から押さえるなどし
て形をととのえる。さらに適当な大きさになるまで空
気を入れ、少し平らにするために同様にして形をとと
のえる。

▶ 軸のラインにあたる部分を厚めに仕上げると作品全
体の強度を高められる。また、底にあたる部分は赤色

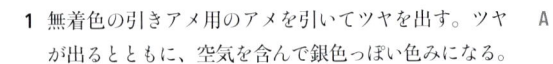

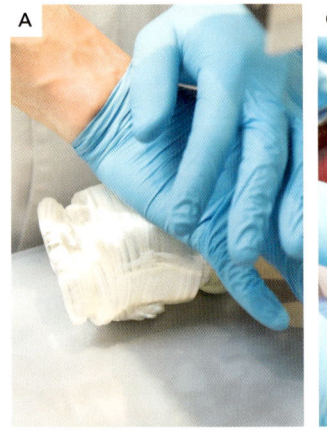

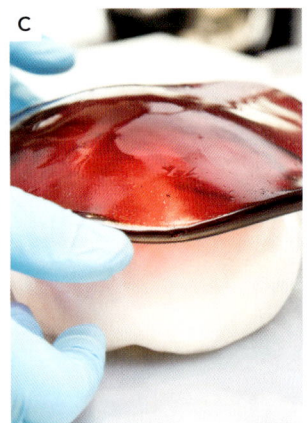

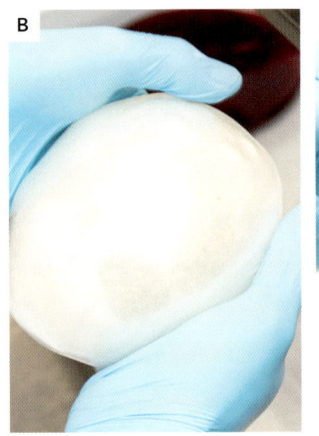

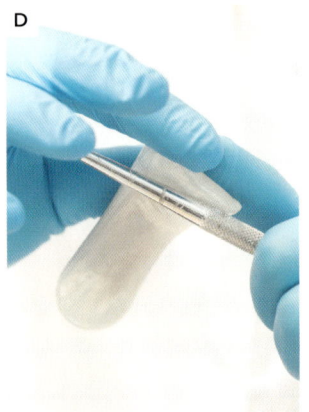

の流しアメ用のアメを厚めにすると赤が濃くなり、色の濃淡を表現できる。ときどきアメ全体を下に向けて空気を入れたり、形をととのえる際に赤色のアメを先端方向に押し出すようにするなど工夫する。
　▶ 先端から中央にかけての部分が先に冷えるようにすること。ポンプの管を入れている根元周辺が先に冷えるとつぶれてしまう。

7 少し平らにした部分にハサミの刃の背などを押しあてて筋をつける。　　I

8 ポンプの管を入れている部分にバーナーの火をあて、ハサミでアメを切って管を抜く。　　J

9 管を入れていた穴の周囲にバーナーの火をあて、指をゆっくりと押し込んでくぼみをつける。ハサミの刃の背などを押しあててくぼみの部分に筋を数本つける。室温で冷ます。組み立てる前にバーナーの火を表面全体にあてる。　　K〜L
　▶ 流しアメは、さわって跡がつくとツヤが失われやすいが、バーナーの火をあてるとつるんとした美しい質感にもどり、ふたたびツヤが出る。

CHECK：強度

重さや厚みをコントロールして強度を高める

壊れにくくするため、パーツの重さは上に配置するものほど軽くするのが基本。また、パーツ単体をとっても、部分的に厚みを変えるなど強度を考慮した対策が必要となる場面もある。チェリーの実も強度の観点から部分的に厚みを変更。女性のアメ細工と土台を接着する軸のラインにあたる部分を厚くした（右下写真参照）。左下の写真はチェリーの実を割ったもので、左の断面が軸のラインにあたる部分、右の断面がそれ以外の部分。

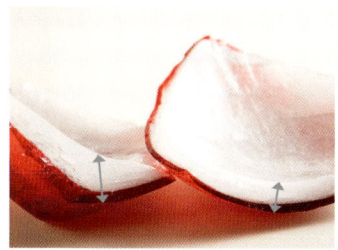

この範囲のアメを厚くする

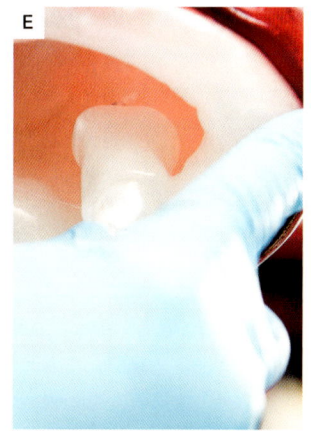
E

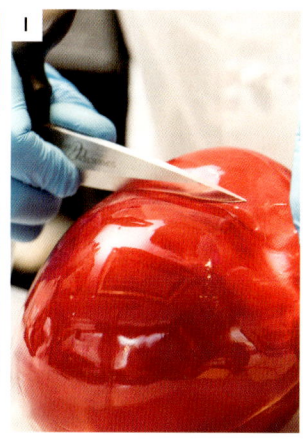
I

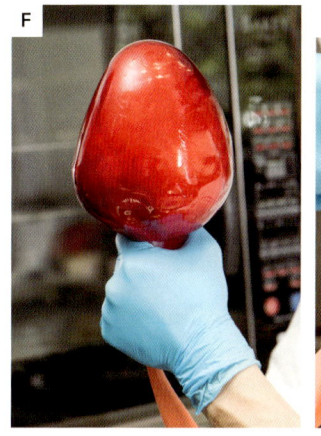
F

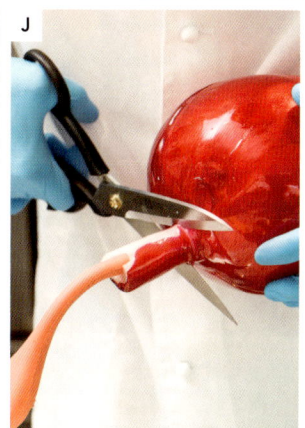
J

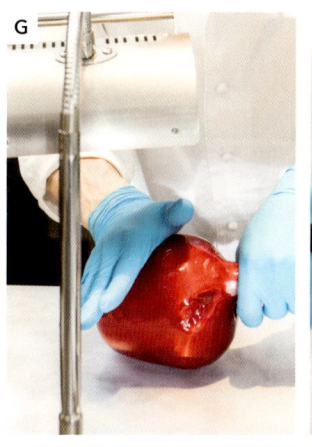
G

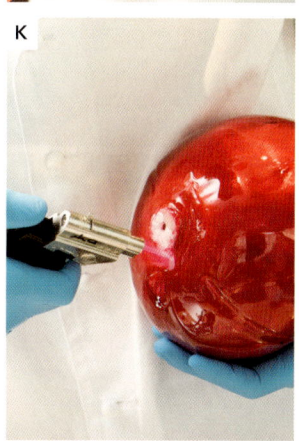
K

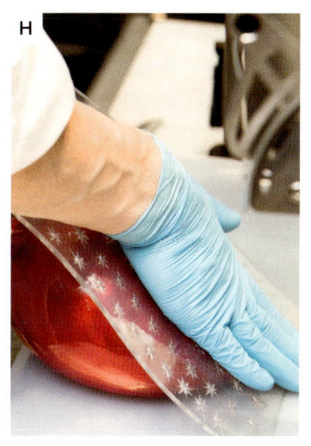
H

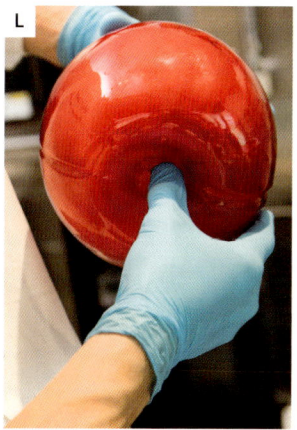
L

10「土台づくり」の際に制作して保管しておいた、星形の
アメ細工を貼り付けた小さいほうの球状のアメ細工を
用意する。

11 土台の球体に接着用の固形のアメをのせてバーナーの　　M~N
火をあてる。チェリーの実の底になる部分もバーナー
の火をあてて少し溶かし、球体にのせて接着する。

12 チェリーの実の上に接着用の固形のアメをのせてバー　　O~P
ナーの火をあてる。⑩の底になる部分にもバーナーの
火をあてて少し溶かし、チェリーの実にのせて接着する。
　▶ 土台の直径6cmの球体と、チェリーの実の上にのせ
た直径2.5cmの球体を結ぶ線が一直線になるように組
み立てる。軸が垂直になっていないとバランスが悪く、
傾いて倒れたりして壊れやすくなる。

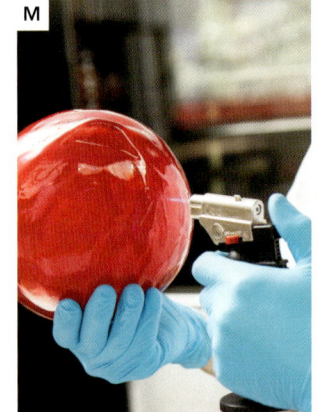

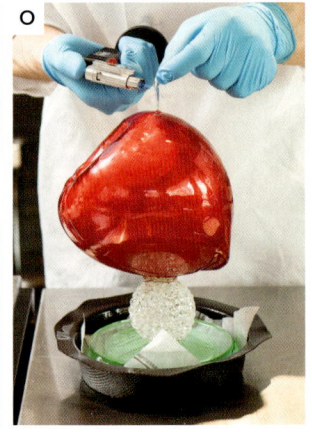

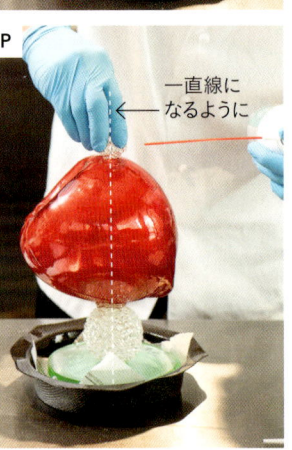

一直線に
← なるように

パーツづくり・輪郭づくり・組立て ②
[女性をつくる]

作品の主役となる女性を制作。小さなパーツをつくっては組み立てていき、徐々に輪郭もつくっていく。

POINT
❶ 重心は真っ直ぐ。パーツを積み上げていきながらバランスをとる。
❷ マジパン細工のようにして仕立てたパーツを組み込み、手作業ならではの美しさを表現する。

スカートを着用した下半身

1 無着色の引きアメ用のアメを引いてツヤを出す。丸めて平らにし、均一な厚みとツヤのある状態を保ちながら手ばやくくぼみをつくる。

2 ポンプの管の先端を包むようにして①を密着させる。空気がもれないように隙間をつくらないこと。

3 楕円形になるように空気を入れる。　　　　　　　A

4 膝を曲げて椅子に座っているような状態をイメージしながら成形する。膨らませたアメの先から3分の1程度を少し曲げ、先端は指で平らにしながら引っ張って少しとがらせる。腿から尻にあたる部分は作業台などに軽く押し付けて平らにする。　　　　　　　B~C

5 足を組んでいる姿に見えるように、上面に指で筋をつける。　　　　　　　D

6 ポンプの管を入れている部分にバーナーの火をあて、ハサミでアメを切って管を抜く。

7 切り口にバーナーの火をあててハサミで切り込みを入れ、手で一部をちぎりとって穴をあける。　　　　　　　E

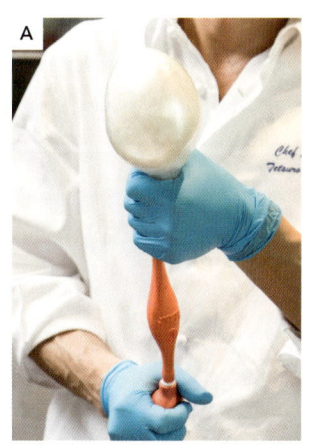
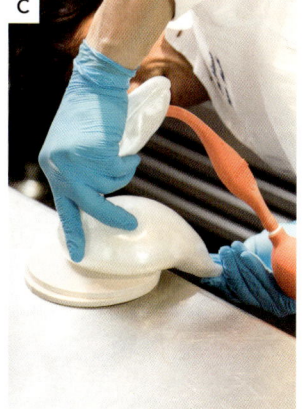
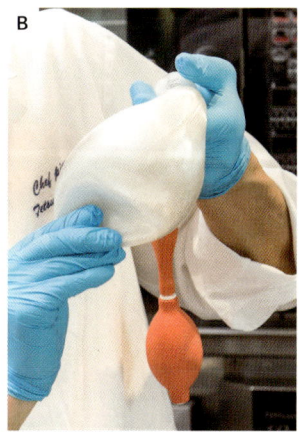
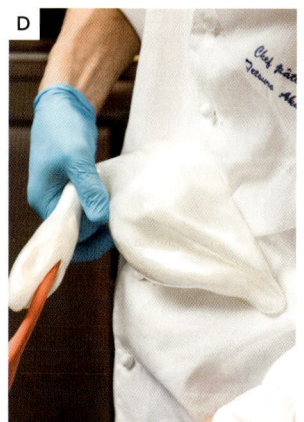

8 チェリーの実にのせた小さな球体にバーナーの火をあてて少し溶かす。スカートの底になる部分に接着用の固形のアメをつけてバーナーの火をあて、球体にのせて接着する。⑦であけた穴は上にくる。　　F

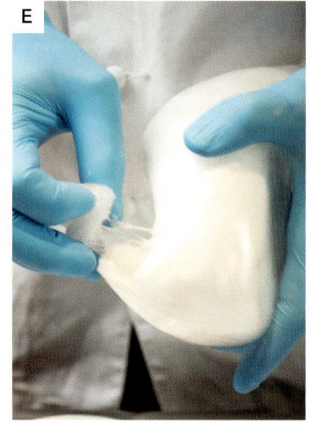 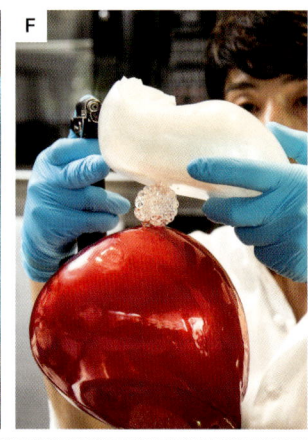

胴体代わりの軸・首

1 胴体代わりの軸をつくる。スカートを着用した下半身の工程①〜②と同様の作業を行う。続いて少しずつ空気を入れ、空気が入ったら手でのばす作業をくり返し、太めのストロー状にする。長さを決めてバーナーの火をあて、余分なアメをハサミで切り落とす。　　A

2 首をつくる。肌色の流しアメ用のアメを小さく切り出し、一方の端は細く、もう一方は太くして首に見立てる。太いほうの先端の周囲に接着用の液体のアメをつけ、①の先端にぐっと押し付けるようにして接着する。　　B〜C

3 ②の首を取り付けていない側の端に接着用の固形のアメをつけ、スカート上部の穴にさし込んで接着する。スカートの穴と接する部分に接着用のアメをつけると安定する。
　▶ スカートの中から小さな球体の上に立てるイメージで真っ直ぐに接着する。

 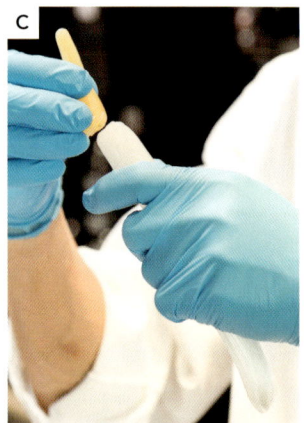

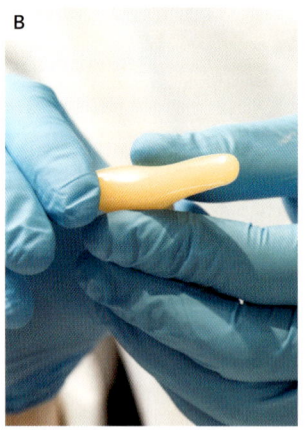

真っ直ぐに取り付ける

CHECK：バランス

組み立てながら垂直の軸をつくる

土台の球体、チェリーの実、小さな球体、女性の上半身を結ぶ線が縦に一直線になるように組み立てること。軸がブレると重心が傾き、作品全体がゆがんだ印象になるうえに、バランスがくずれて壊れやすくなる。

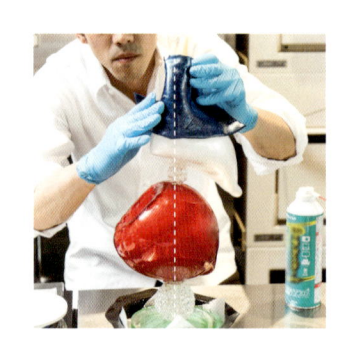

ジャケット・スカーフ・シャツ

1 ジャケットをつくる。青色の引きアメ用のアメを少し
厚みのあるシート状にし、ハサミで台形に切り出す。

2 ①の短い辺を上にして、首の部分がはみ出るようにス　　A
トロー状の胴体に巻き付ける。

3 首まわりの青いアメを外側に折って襟をつくる。たゆ　　B~D
ませてシワを表現したり、裾にあたる部分を外側に曲
げたりしてジャケットの形をととのえる。

4 スカーフをつくる。無着色の引きアメ用のアメを引い　　E
てツヤを出し、両手の指で挟んで引っ張るようにして
広げ、さらにツヤを出しながら薄くする。薄くした部
分を指でつまんで短めにのばし、ハサミで切り取る。
形をととのえ、③の胸元に接着用の液体のアメで接着
する。

5 シャツをつくる。④と同様にして無着色の引きアメ用　　F~G
のアメをツヤを出しながら薄くし、薄くした部分を指
でつまんでスカーフよりも長めにのばす。斜めにハサ
ミを入れて切り取る。首とジャケットの襟の間に接着
用の液体のアメで接着する。

6 ジャケットのベルトをつくる。青色の引きアメ用のア　　H
メを両手の指で挟み、引っ張るようにして広げ、ツヤ
を出しながら薄くする。薄くした部分を指でつまんで
帯状にのばし、ハサミで切り取る。ジャケットの背中
に横にして接着する。なお、ベルトのような細かなパー
ツは、写真のように腕を取り付けて全体のバランスを
見てからつくって接着してもよい。

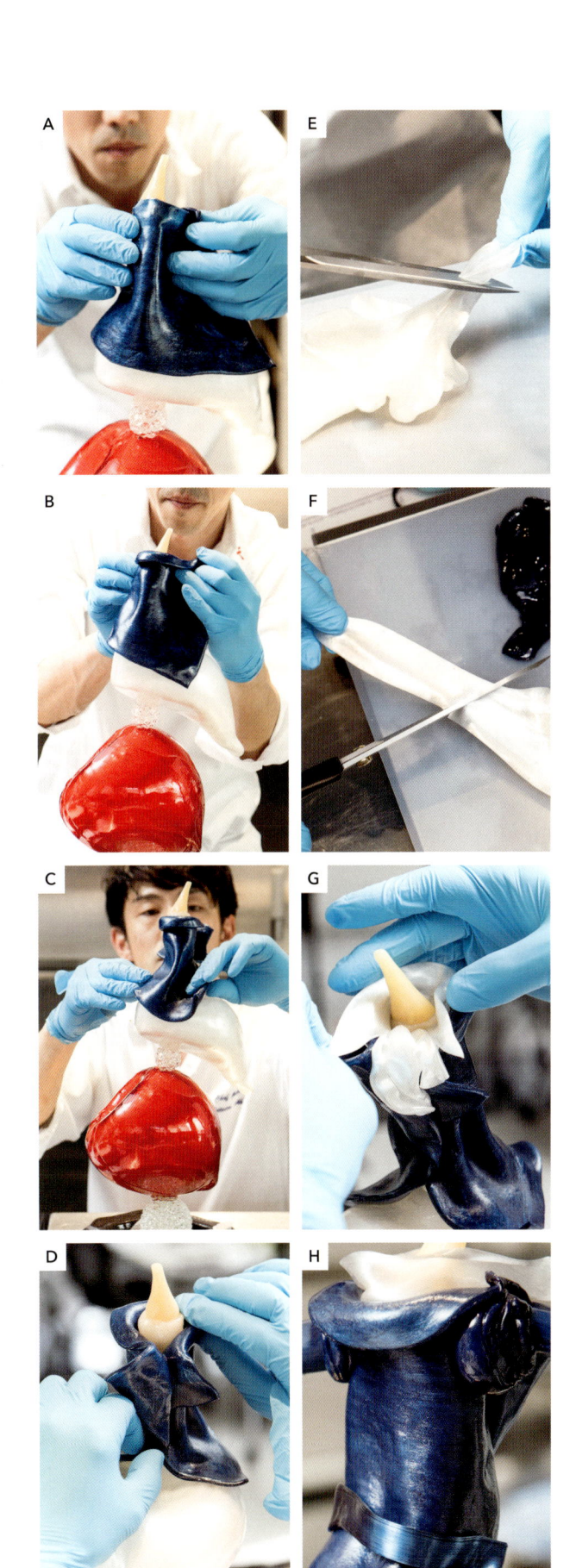

腕

1 肩から肘までをつくる。青色の引きアメ用のアメを使い、胴体代わりの軸と同様にして膨らませ、ストロー状にする。先端を指で押し込むようにして広げ、縁をつまんで薄くのばし、ひらひらとした袖口に見立てる。　A

2 青色の引きアメ用のアメを丸めて少しくぼませ、①の袖口の反対側の切り口をおおうように接着し、カードなどで筋をつけてシワに見立てる。　B~C

3 ジャケットの肩にあたる部分にバーナーの火をあて、②を接着する。　D

4 肘から指までをつくる。肌色の流しアメ用のアメを切り出し、棒状にする。一方の端をやや平らにし、ハサミを入れて指をつくる。手首や指の関節にあたる部分を適宜に曲げて動きを出す。　E~G

5 ③の袖口の中央にバーナーの火をあて、④の腕を接着する。　H

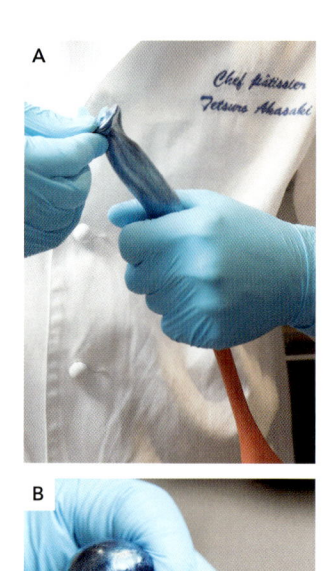

A

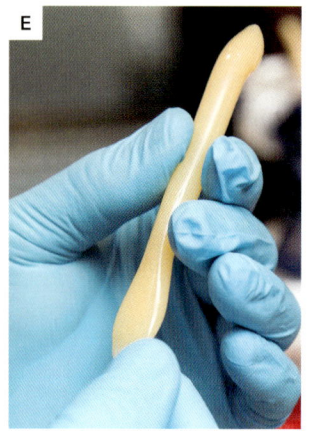

E

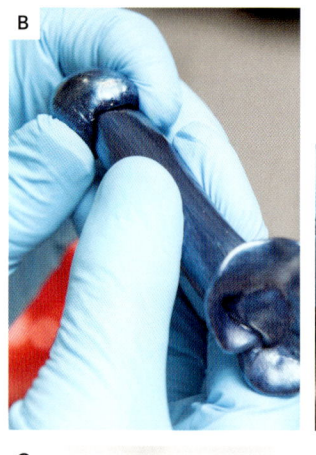

B

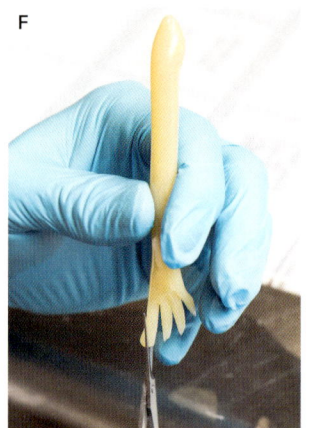

F

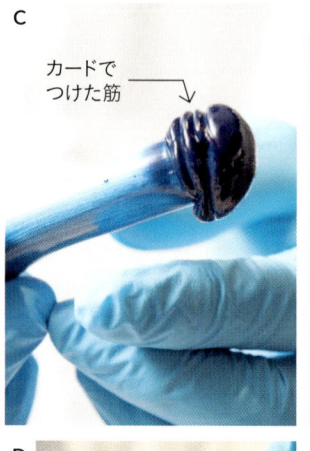

C

カードで
つけた筋

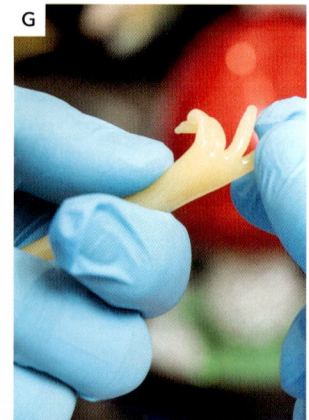

G

D

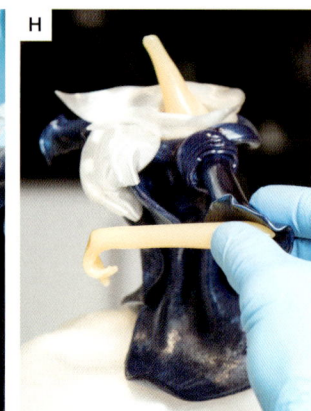

H

頭部

1 肌色の流しアメ用のアメを丸め、マジパンスティック A~B
などを使って成形し、顔のベースをつくる。赤色の流
しアメ用のアメで唇をつくり、接着する。

2 赤色の流しアメ用のアメを丸め、平らにする。①の上 C
部にかぶせて成形する。マジパンスティックなどを使っ
て、おでこから後頭部に向かって筋を入れ、後頭部を
指でつまんでねじって絞る。首の先端に接着用の液体
のアメをつけ、頭部を接着する。

3 赤色の流しアメ用のアメを球状にし、接着用の液体の D
アメを使って後頭部に接着する。

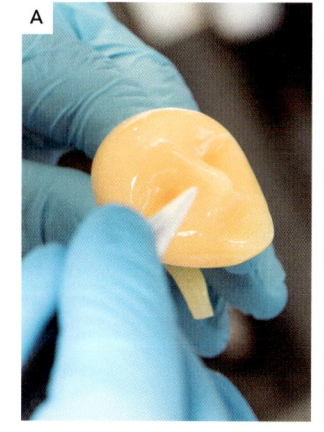

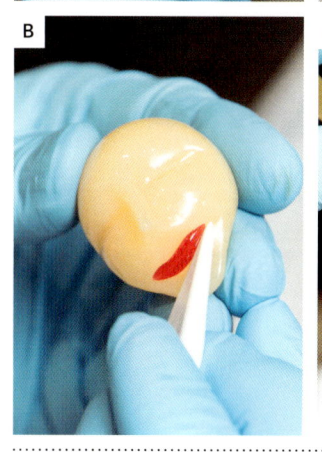
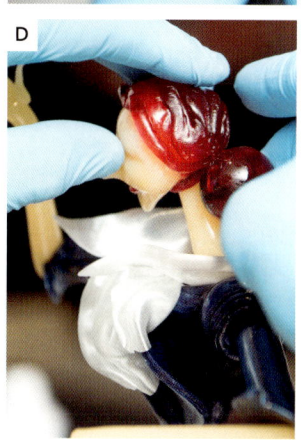

足・ハイヒール

1 肌色の流しアメ用のアメを成形し、足首からつま先ま A
でを形づくる。

2 水色の流しアメ用のアメをアメランプの下で温めてや B~D
わらかくする。これに①を足の裏から部分的に浸し、
引き上げて形をととのえる。かかとの部分にバーナー
の火をあて、その部分のみふたたび水色のアメにあて
て持ち上げ、糸が引いたような状態で固める。
　▶ かかとから水色のアメをスーッと落とすイメージで作
業すると、かかとに近い部分は太く、つま先は細く仕
上がる。

3 足首とヒールの長さをハサミで切って調整する。足首
にバーナーの火をあて、スカートの先端に接着する。

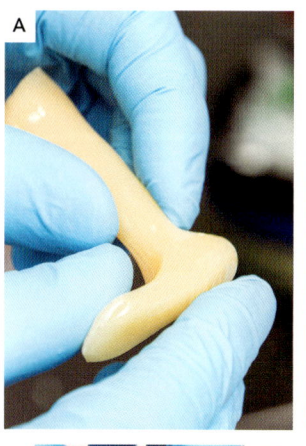
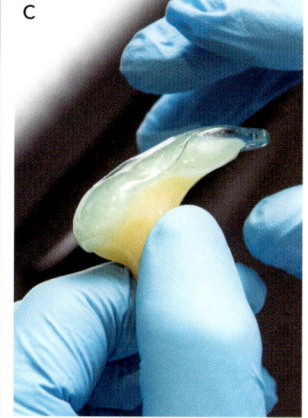
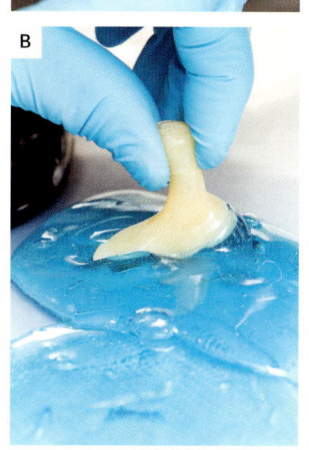
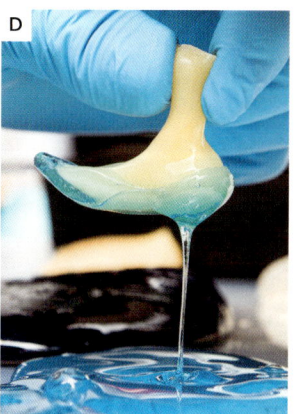

あしらい・仕上げ

輪郭に影響するチェリーの柄を取り付けるほか、
軽やかさや華やかさを演出する細かなパーツを
つくって組み立てる。

POINT

❶ 光のあたり方でキラキラとする星形の模様入りのア
メ細工がアクセント。

❷ 文字の裏に銀色の色粉を塗る「裏打ち」をして立体
感と奥行を出す。視認性も上がる。

1 チェリーの柄をつくる。緑色の引きアメ用のアメを丸
めて平らにし、均一な厚みとツヤのある状態を保ちな
がら手ばやくくぼみをつくる。ポンプの管の先端を包
むようにして密着させる。空気がもれないように隙間
をつくらないこと。

2 少しずつ空気を入れ、空気が入ったら手でのばす作業　A
をくり返し、太めのストロー状にする。長さを決めて
バーナーの火をあて、余分なアメをハサミで切り落と
す。切り口の形をととのえる。

3 緑色の引きアメ用のアメをチェリーのくぼみの大きさ　B~C
に合わせて丸く切り、くぼみに貼り付ける。

4 ②に接着用の固形のアメをつけ、切り口を上にして③　D
の中央に接着する。

▶ 縦に垂直にのびる作品全体の軸に斜めの線を加える
ことで、広がりを出してより立体的に見せる。

5 髪飾りをつくる。女性の片方の耳のあたりにバーナー　E~H
の火をあて、球体に貼り付けたのと同様の星形の模様
入りのアメ細工を、模様を下にして3つ接着する。無
着色の引きアメ用のアメを引いて小さな花びらのよう
な形にし、星形の模様入りのアメ細工のそばに接着す
る。無着色の引きアメ用のアメを細い棒状にのばし、

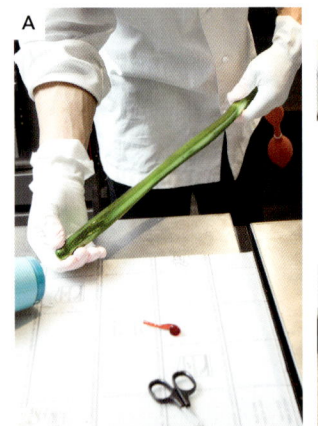
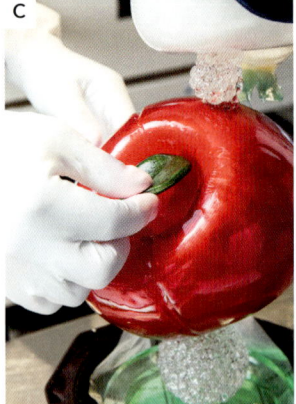

先端に星形の模様入りのアメ細工を取り付け、花びらのようなパーツの間に接着する。

6 星形の模様入りのアメ細工をジャケットとスカーフに接着する。

7 赤色の流しアメ用を細い棒状にし、パイプのような形に成形する。バーナーの火をあてて指の間に挟むようにして接着する。 I

8 無着色の流しアメ用のアメをコルネに入れ、オーブンシートに文字を書く。今回はフランス語で「サクランボ」を意味する「Cerises」を書く。そのまま冷やし固めてから、裏返しにして銀色の色粉を刷毛で塗る。 J~K
   ▶ 動きのある文字が軽やかさを演出。銀色の色粉を裏側に塗ると視認性も上がる。

9 チェリーの実の側面にバーナーの火をあて、そこに⑧をあてる。上からもバーナーの火をあててしっかりと固定する。 L

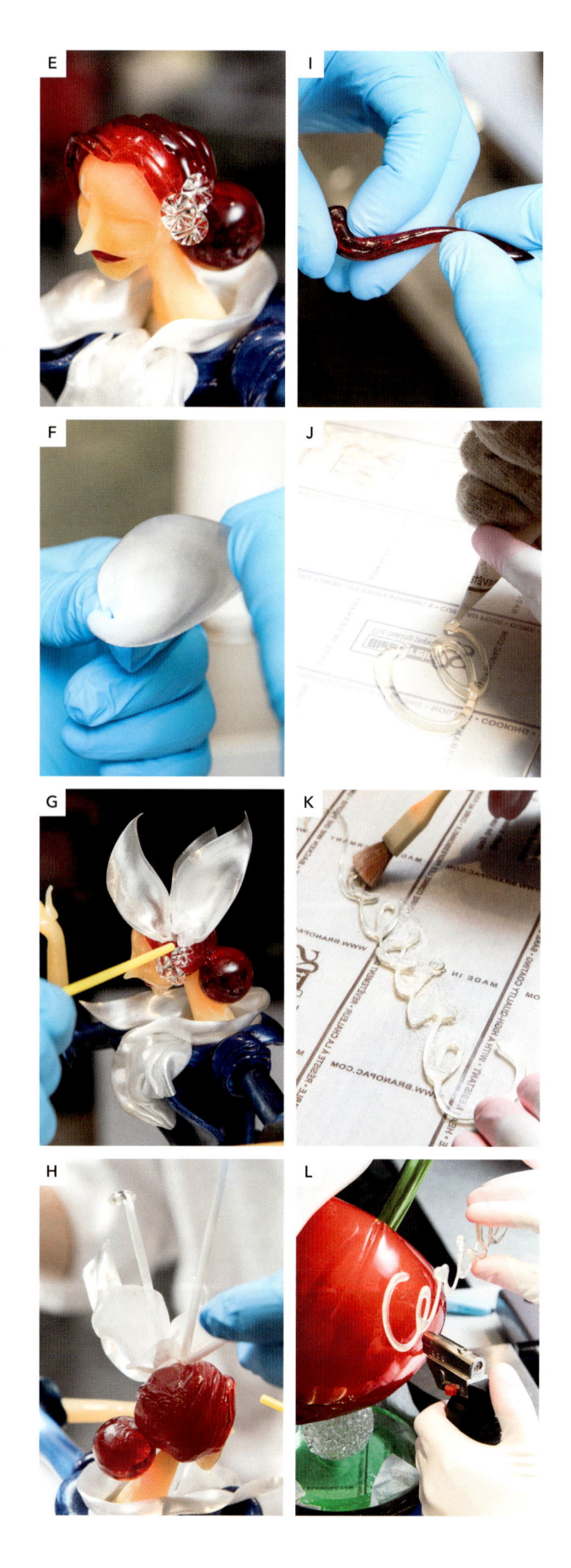

Column 01

ピエスモンテ・職人の思考
── 赤崎哲朗

ジャパンケーキショー 2007年
「味と技のピエスモンテ」部門・グランプリ

© (一社)日本洋菓子協会連合会

誰よりもアメ細工らしく、誰よりもストレートに伝わり、誰もが想像できる瞬間を切り取ったモチーフで、誰もが足を止めてくれる作品とは……そう考えてたどり着いたのは、誰よりもシンプルかつど真ん中の仕事をするべきだということ。つまり、無駄を省いた引き算のピエスモンテです。その思考が生まれてから、私の仕事が変わりました。

この作品の主役であるチーターは、パスティヤージュで骨格を制作し、流しアメの手法でつくった小さなアメ細工を隙間なく貼り付けたもの。構図で意識したのは、チーターの動きをナチュラルに表現することです。そのためには徹底的に動物の骨格を学ぶ必要があります。骨格を知り、動きのロジックを理解して、それを作品に落とし込む。自然の摂理からはみ出した造形は、違和感が出てしまいます。

また、メインの細工を何かしらの柱に取り付けるのではなく、メインの細工がすでに作品の輪郭をつくる柱になっているのも構図のポイントです。あとはそこに寄り添うようにあしらいのパーツを取り付けるのみ。縦にのびる緑のリボンと、くるんとした赤いリボンがともに空間の広がりを演出し、また緑のリボンはチーター

の動き（流れ）と同調させることで主役を引き立てています。

チーターの細工は、小さなアメ細工を全面に貼る作業を3回くり返し、アメの部分を3層構造にしました。それはチーターの肌の色に奥行を出すため。パスティヤージュに近い内側の層ほど濃く着色したアメを使い、3層目はほとんどクリアに近い、淡く着色したものを使用。また、真っ白なパスティヤージュが下地の役割を果たし、アメ細工の発色を際立たせています。

色については、黄一色でつくり上げるのではなく、光が一方向からあたっていることをイメージし、茶や黒、濃い赤などを使って陰影も表現。色の重なりや、映り込み、光の屈折による見え方の変化などにも気を配りましたね。今となってはよく見かけるようになりましたが、手数のかかるたくさんの細い花びらで構成された花の細工も、「事前準備しておける持ち込みならではの表現とは？」と思案の末にたどり着いた技法でした。

忘れてはならないのは、これらの細工が前面に配した菓子の背景であること。味と技が違和感なく、一つの空間に一つの作品として成り立つように。そうした意識をもつことも大切です。

ルクサルド グラン プレミオ2009年 優勝

© (一社)日本洋菓子協会連合会

ルクサルド グラン プレミオは、プチガトー2種類とピエスモンテを融合した作品で技術を競うコンクールです。制限時間は4時間。2009年は「夏に」というテーマに対して、誰よりも夏らしく、誰にでも夏を感じてもらえる作品を志向しました。

菓子を引き立てる工芸菓子として、菓子の味をアメ細工で表現し、見た目で味が伝わるようにしました。輪切りのレモンは流しアメの細工で、マスキングして時間差でアメを流して成形。チェリーは吹きアメの細工ですが、その下に緑の板状のアメ細工を配することで、チェリーの赤の発色をほどよく抑え、単色では表現が難しい"色の深み"を生み出しました。

ピエスモンテの手本はすべて自然界にあります。自然にあるモチーフを作品に落とし込む場

合、本来のバランスは決してくずしてはいけない。この作品でも小さな世界をそのまま拡大した構図としています。

くり返しになりますが、工芸菓子には菓子を引き立てる役割があります。工芸菓子を見た人が本能的に作品を理解し、脳で菓子の味を想像する。最終的に菓子を口にするわけですが、工芸菓子による印象づけは、食べ手の心に訴える一つのアドバンテージになります。ただし、このコンクールでは、工芸菓子だけではなく、規定に沿いつつ味と見た目に優れた菓子も準備できてはじめて一つの作品です。「すべての仕事で一つの作品」という思考なくして、味と技の相乗効果は生まれません。極端かもしれませんが、この作品はそれをわかりやすく表現できた例だ思います。

アメのピエスモンテ

上級編

すべての基礎技術を生かす＆
パスティヤージュを効果的に取り入れる

Advance

テーマは「パスティヤージュを
効果的に使う」。土台やパーツに
パスティヤージュを用い、
粉糖によるマットな風合いと
直線の美しさを加えて
見た目に変化を出す。
主役はアメ細工のピエロ。

多彩な風合いを生かしながら
瞬間を切り取った作品に

　上級編では、手数が多く、高い技術を要するアメ細工に、粉糖を主材料とする砂糖細工の「パスティヤージュ」を組み込みます。作品全体の技術的なテーマは、「パスティヤージュを効果的に使う」です。

　パスティヤージュは非常に時間のかかる細工です。生地をつくって成形してから最低でも3〜4日、長ければ1ヵ月ほど乾燥させる必要があります。生地をこねたり、型紙を用いたりする作業はマジパン細工やチョコレート細工に近いものがありますが、温度や湿度が高くても変化しないという特徴があります。

　真っ白でマットな独特の風合いは、アメ細工の透明感とは対照的。ヤスリで磨くと陶器のような光沢も表現できます。"パスティヤージュらしさ"を生かせば、表現の幅はぐんと広がるでしょう。

　今回は直線の美しさも表現したいと思い、土台をパスティヤージュにしてシャープな印象を打ち出します。葉やつぼみなどのパーツもパスティヤージュで制作するほか、粉糖と卵白でつくる「グラス・ロワイヤル」のパイピングも取り入れます。いずれも白を生かして立体感を出しながら着色し、全体に金色の色素を吹き付けることで、アメ細工の輝きに近い雰囲気を生み、統一感を出すのもポイントです。

　主役は吹きアメ（シュクレ・スフレ）の技法をメインに使うピエロで、作品の輪郭づくりも担っています。主役でおもな輪郭をつくる、という構図はワンランク上の考え方が必要かもしれません。輪郭づくりの軸は、柱などの意味のない物体よりも、主役となる具体的なオブジェのほうが断然印象的に仕上がります。また、"瞬間を切り取る"構図も今回の作品の見せどころです。曲芸をするピエロの躍動感が作品に動きを与え、生き生きとした雰囲気を生み出します。

　3色のグラデーションにしたバラ、先をとがらせた細いストロー状の吹きアメ、細いリボンなど基礎からさらに進んだ技術でつくるアメ細工も随所にちりばめ、360度、どの角度から見ても楽しめる完成度の高い作品をめざします。

1.	構想	テーマを決め、色合いやデザインを考える。
2.	スケッチ	アイデアを具体化させるため、スケッチをする。
3.	パスティヤージュをつくる	生地をつくり、土台やあしらいなどに使うパーツをつくる。 成形、乾燥後に塗装する。
4.	アメを炊く	流しアメ（シュクレ・クーレ）、引きアメ（シュクレ・ティレ）、吹きアメ（シュクレ・スフレ）に使うアメをそれぞれ炊く。必要に応じて着色する。一部は接着用として使用する*。
5.	土台の組立て・塗装	パスティヤージュのパーツを組み立てて土台をつくり、グラス・ロワイヤルでつくった飾りを取り付ける。適宜塗装する。
6.	アメ細工のパーツづくり	引きアメや吹きアメの手法で主役のピエロやあしらいのパーツをつくる。 主役のピエロを組み立てる。
7.	組立て・輪郭づくり・仕上げ	アメ細工を土台に接着して組み立て、輪郭をつくる。 細かなパーツをつくってあしらい、仕上げる。

＊接着用のアメ／無着色の流しアメ用のアメを、アメランプの下に流してやわらかな固形状にしたものと、鍋で炊いたままの液状のものの2種類を用意。基本的に、固形状のアメは比較的大きなパーツの接着に、液状のアメは小さなパーツの接着に使う。

SKETCH ｜ スケッチ

瀟洒な雰囲気に仕立てた直線的なパスティヤージュの土台で重厚感を出す一方、やわらかな曲線美と軽やかさをアメ細工で表現。ピエロの胴体と足を軸としつつ、手足に動きをつけて躍動感を出す。ピエロに持たせる輪はバランスを見ながら最後にあしらうため、スケッチでは細い線で描いた。

パスティヤージュをつくる ①
［ 生地をつくる ］

パスティヤージュは粉糖を主材料とした砂糖細工のこと。まずは、粉糖、水、板ゼラチンなどを混ぜて練り上げ、真っ白な粘土状の生地をつくる。

POINT
❶ 手のひらの腹で作業台に生地をギューッと押し付けるようにしながら手前から奥に向かってのばすことをくり返し、ダマがなくなり、きめ細かい状態になるまで練る。
❷ 非常に乾燥しやすいので、生地が仕上がったらすぐにラップフィルムとぬれ布巾で包む。成形する直前にこねて、生地の完成直後のなめらかな状態にもどす。

［ 材料・配合 ］

純粉糖…100%
板ゼラチン…0.8%
水…9%
レモン果汁…1%
コーンスターチ…10%

※純粉糖とコーンスターチは合わせてふるっておく。
※純粉糖以下に記載してある材料の数値は、純粉糖の分量に対しての割合。

1　ボウルに板ゼラチンを入れ、水とレモン果汁を加えてふやかす。そのまま湯煎にかけて溶かす。　A

2　ミキサーボウルに、合わせてふるった純粉糖とコーンスターチ、①を入れ、フックを取り付けた低速のミキサーでなめらかになるまで撹拌する。　B~D

3　作業台に取り出し、手でひとまとめにする。手のひらで生地を作業台に押し付けるようにしながら、全体が均一な状態になるまで練る。固すぎる場合は水（分量外）を適宜加え、固さを調整する。　E
　▶ 生地を作業台にギューッと押し付けて練ることで、きめ細かい生地になる。ダマが残っていると見た目が汚くなってしまう。

4　ラップフィルムで包み、さらにぬれ布巾で包む。　F
　▶ 乾燥しやすいので、作業中も使わない生地はこの状態にして保管する。
　▶ 使用直前に作業台の上でしっかりと手でこね、生地が完成したときのなめらかな状態にもどす。もどさないと、ヒビが入りやすくなってしまう。

A

D

B

E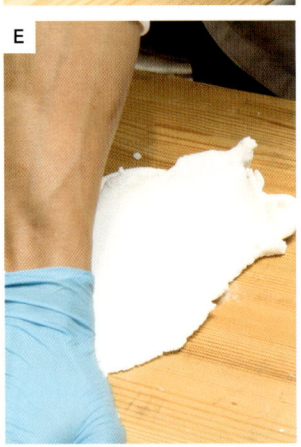

C

F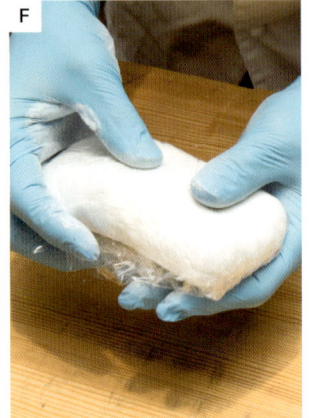

パスティヤージュをつくる ②
[成形して乾燥させる／塗装する]

生地を成形し、基本的に室温で4〜5日乾かして固める。
塗装は乾燥後に行う。今回は土台のパーツのほか、葉や
つぼみなどのパーツをつくる。

POINT

❶ 打ち粉にはコーンスターチを使用。包丁の刃に刷毛
で打ち粉をつけると生地がスパッときれいに切れる。

❷ 仕上がりを意識して包丁を入れる角度や生地の厚
みを変える。土台の四角錐台に用いるパーツは、それ
ぞれ四辺を包丁で斜め45度程度に切っておくと、組み
立てたときにパーツどうしがぴったりと合って安定す
る。葉などは先のほうを薄くする。

葉

土台のパーツと飾り

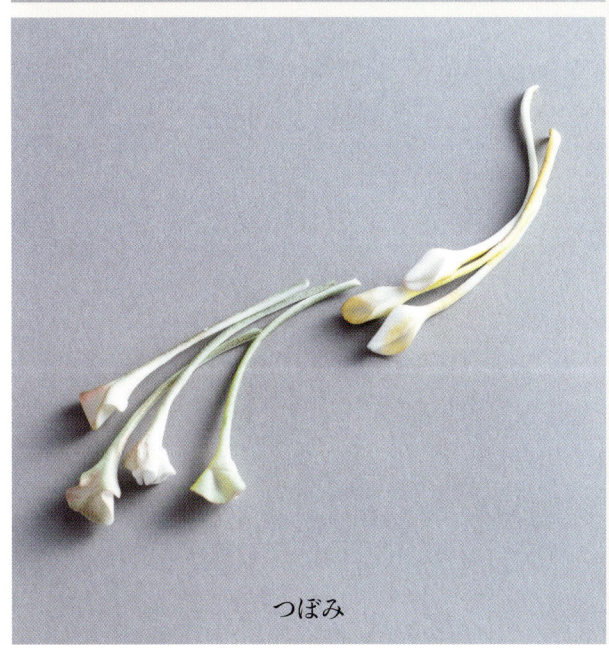

つぼみ

フリルの葉

土台のパーツと飾り

1 底部のパーツをつくる。作業台に打ち粉（コーンスター A
　チ／以下同）をふり、厚さ1.5cmのバールを2本、間隔
　を10cm強あけて平行に置く。バールの間に生地を適量
　置き、麺棒を転がして正方形にする。

2 ①の上に10×10cmの正方形の型紙をのせる。これを B~D
　OPPシートを敷いた作業台に置き、型紙からあふれた
　部分を打ち粉をつけた包丁を使って以下の要領で切る。
　包丁を型紙の辺に添わせつつ、生地の内側に向かって
　斜め約45度に切る。ほかの側面も同様に切る。

3 ①〜②と同様の作業を行い、側面を斜めに切り落とし
　た正方形の板を2枚用意する。この2枚を貼り合わせた
　ものが底部となる（「土台の組立て・塗装」を参照）。

4 ③の1枚の側面を、以下の要領でさらに加工する。表 E~F
　面積の小さい面が上にくるように置き、側面の下から3
　分の1くらいの高さところから包丁を入れ、生地の内側
　に向かって斜め約45度に切る。この板を「板A」とし
　て底部の下側に、もう1枚の板を「板B」として底部の
　上側に使う。
　▶ この作業によって土台の底部に指をかませられるよ
　うになり、持ち運びがしやすくなる。

5 ①〜④でつくった板2枚の表面積の小さい面（組立て時
　に接着面となる側）にOPPシートを密着させ、室温に1
　日おいて乾かす。

6 上部の側面のパーツをつくる。打ち粉をふった作業台 G~I
　に生地を適量置き、麺棒で厚さ3mmにのばす。上底4
　×下底10×高さ約18cmの台形の型紙をのせ、型紙か
　らあふれた部分を打ち粉をつけた包丁を使って以下の
　要領で切る。包丁を型紙の辺に添わせつつ、生地の内
　側に向かって斜め約45度に切る。ほかの側面も同様に
　切る。

7 ⑥と同様の作業を行い、側面を斜めに切り落とした台
　形の板を4枚用意する。天板にのせて室温に4〜5日お
　いて乾かす。

8 上部の上面と底面のパーツをつくる。⑥と同様にして J
　生地を厚さ3mmにのばす。10×10cmと4×4cmの正方
　形の型紙をあてて、それぞれ⑥と同様にして切る。天
　板にのせて室温に4〜5日おいて乾かす。写真Jは仕上
　がり。正方形の2枚が上面と底面のパーツ、その間の
　台形が側面のパーツ。

9 土台の飾りをグラス・ロワイヤルでつくる。ボウルに K~L
　純粉糖と卵白（各適量）を入れてゴムベラで混ぜる。作

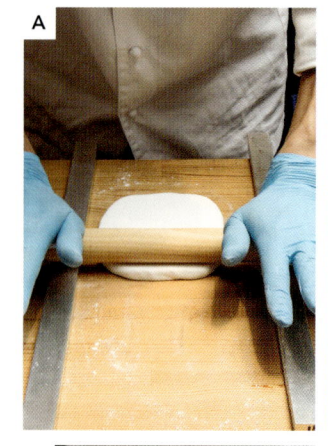

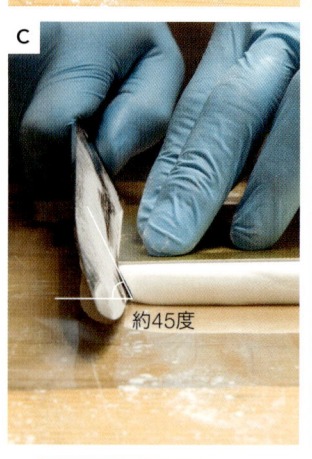

業台や裏返したバットに移し、パレットナイフで練ってダマのない状態にする。

10 ミキサーボウルに⑨を入れ、低速でゆっくり空気を含ませながら、全体が均一になめらかな状態になるまで撹拌する。

11 デザインを描いた紙にOPPシートを重ねる。丸口金を取り付けた絞り袋に⑩を入れ、デザインに沿って絞る。室温に1日おいて乾かす。 M

12 ⑪の上に重ねて絞り、そのまま室温に1日おく。この作業をもう1回行って3層にし、室温に1日おいて乾かす。

13 木の葉の口金を取り付けた絞り袋に⑩を入れ、デザインに合わせて⑫に重ねて絞る。室温に1日おいて乾かす。ほかのデザインの飾りも同様にしてつくる。 N

パスティヤージュには
直接さわらない

パスティヤージュの生地はさわると跡がつきやすいので、できるだけ直接ふれないようにする。型紙にははずしやすいようにテープなどで取っ手を取り付けておくとよい。

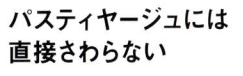

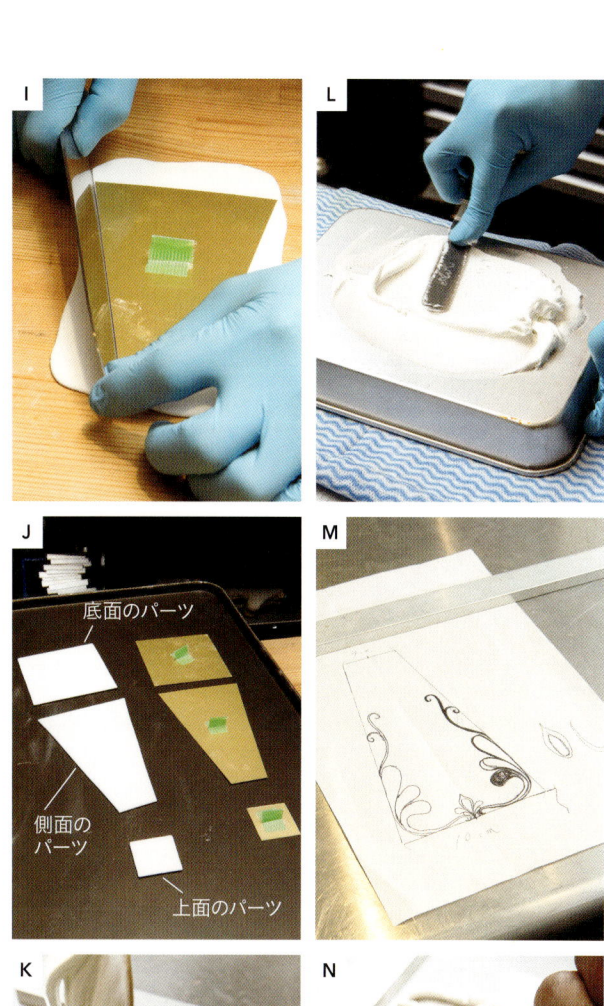

底面のパーツ

側面のパーツ

上面のパーツ

アメのピエスモンテ ［上級編］

フリルの葉

1 生地適量を棒状にし、打ち粉をふった作業台に縦長に置く。麺棒で厚さ3mm程度にのばす。このとき、左右でやや厚みが異なるようにのばす。薄くした側が葉先となる。 **A**
　▶ 厚みを変えることで美しく仕上がる。

2 全体を蛇腹状に折りたたみつつ、厚みのある側を寄せるようにしながら扇形にする。 **B~D**

3 余分な生地を指で切り取る。室温に4 ～ 5日おいて乾かす。

4 ③を塗装する。まず、山になっているあたりに黄色と緑色のリキッド色素（色粉にキルシュを混ぜたもの／以下同）をエアブラシで順に吹き付ける。続いて全体に金色のリキッド色素をエアブラシで吹き付ける。室温で乾かす。 **E~F**
　▶ 白い部分を残すこと。また、黄色に着色した部分が緑色で完全におおわれないように、緑色の色素は、黄色の色素を吹き付けたときと逆の方向から吹き付ける。

葉

1 打ち粉をふった作業台に生地を適量置き、しずく形にして麺棒で平らにする。 **A**

2 中央だけ厚みを残し、麺棒を転がして先端とまわりを薄くする。

3 麺棒の端を使って葉脈をイメージした筋をつける。 **B**

4 麺棒やしずく形の輪にしたシート、筒形のもの（OPPシートを巻いたロール状のキッチンペーパー）などに添わせて曲線をキープさせたまま室温に4 ～ 5日おいて乾かす。 **C~D**

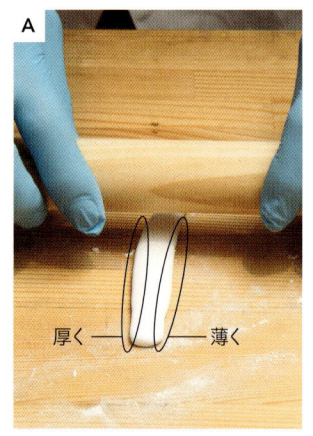

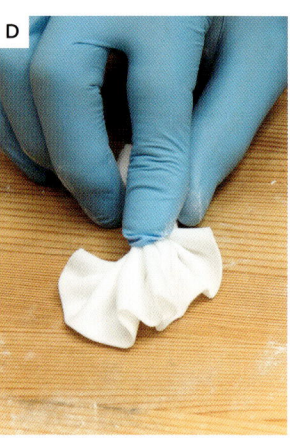

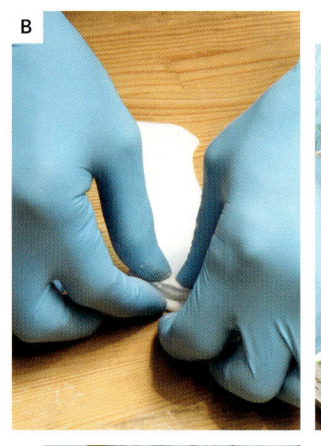

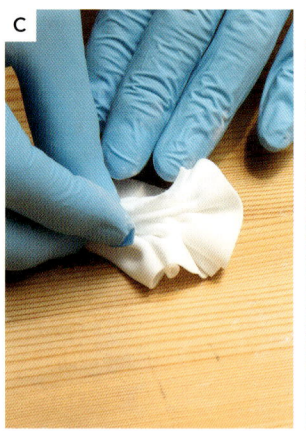

A　厚く ⟵　⟶ 薄く

E　黄色を吹き付ける向き／緑色を吹き付ける向き

5 ④を塗装する。まず、縁の部分を中心に黄色のリキッド色素をエアブラシで吹き付ける。続いて緑色のリキッド色素を指で塗る。さらに全体に金色のリキッド色素をエアブラシで吹き付け、根元部分に茶色の色素を薄く吹き付ける。室温で乾かす。

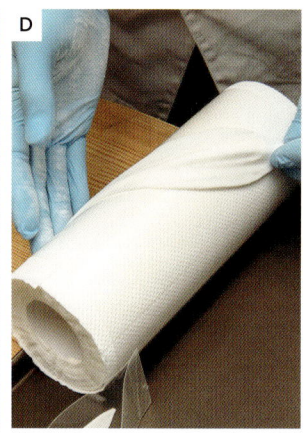

つぼみ

1 打ち粉をふった作業台に生地を少量置き、パレットナイフなどで薄い円形にする。
 ▶ 小さなパーツは乾燥しやすくヒビ割れしやすいので、手ばやく作業する。

A

2 すぼんだつぼみをつくる。①を先端がすぼんだ状態になるようにくるくると巻く。

B

3 つぼみに見立てる先の部分を残し、残りの部分を指でつまんで細くする。さらにつまんで細くした部分を手のひらで挟んで転がし、細長くして茎に見立てる。

C〜D

4 ひらひらのつぼみをつくる。①を部分的に蛇腹状に折りたたんで扇形にし、③と同様に成形してつぼみの部分と茎の部分をつくる。室温で乾かす。

E〜F

5 ④を塗装する。白い部分が適度に残るように黄色、緑色、赤色のリキッド色素を順にエアブラシで吹き付ける。続いて金色のリキッド色素を全体的に吹き付ける。室温で乾かす。

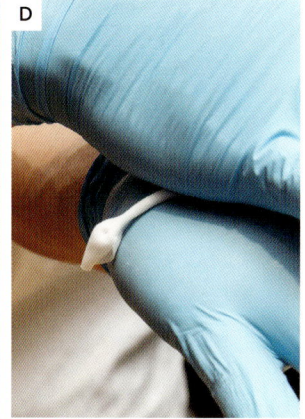
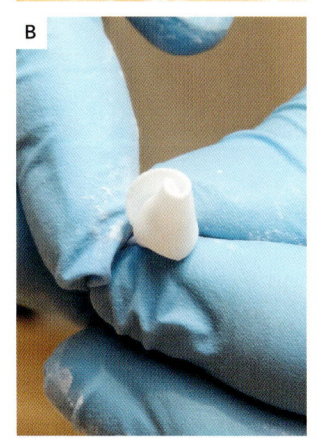
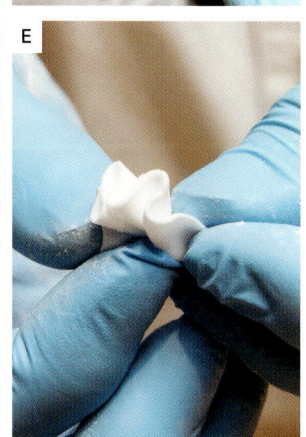
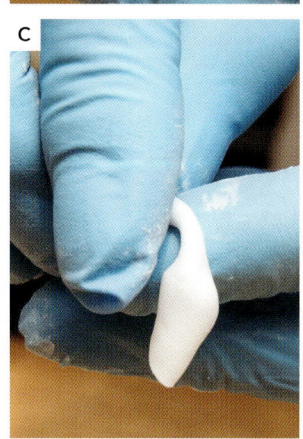
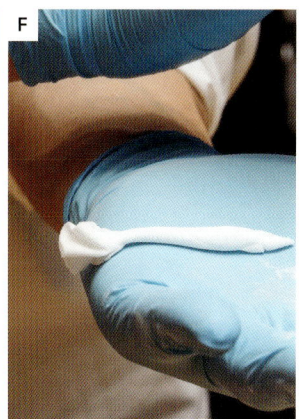

土台の組立て・塗装

パスティヤージュの生地を成形して固めた土台のパーツを、塗装しながら組み立てる。今回は花瓶や植木鉢をイメージした四角錐台にし、クラシックな雰囲気を醸す飾りをプラス。接着には粉糖と卵白でつくるグラス・ロワイヤルを使う。

POINT

❶ 色を重ねることで奥行を出す。今回は、薄い色から吹き付け、濃い色はエッジを中心に局部的に吹き付ける。リキッド色素は、茶色はコーヒーエキスを使ったもので、ほかの色は色粉にキルシュを混ぜたもの。
❷ 生地本来の白を生かすことで「パスティヤージュらしさ」を表現。すべてのパーツに薄く金色の色粉を吹き付けて、全体に統一感を出す。

1 土台の底部を組み立てて塗装する。底部のパーツ「板A」を作業台に置き、上面にアルコールを吹き付ける。　**A**
　▶ OPPシートを貼っていた面は乾燥しきっていないので、接着面にアルコールを吹き付けるだけでOK。

2 ①に土台の底部のパーツ「板B」を、表面積が小さい面どうしをくっつけるようにして重ね、貼り合わせる。室温に12時間程度おいて乾かす。　**B**

3 丸口金を取り付けた絞り袋にグラス・ロワイヤル（つくり方は56頁の土台の飾りを参照）を入れ、②の側面に絞る。パレットナイフもしくは水でぬらした指でなぞって余分なグラス・ロワイヤルを取り除きつつ、なめらかなカーブをつくる。室温に1日おいて乾かす。　**C〜E**

4 ③を陶器のような光沢が出るまで、紙ヤスリで磨く。

5 黄色のリキッド色素（色粉にキルシュを混ぜたもの／以下同）を刷毛で全体に塗り、布巾でふくようにして広げる。　**F**

6 赤色のリキッド色素をムラができるように刷毛で塗る。　**G**

7 緑色と金色のリキッド色素をエアブラシで順に吹き付ける。　**H**

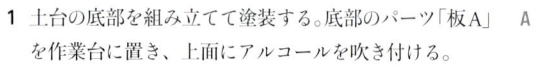
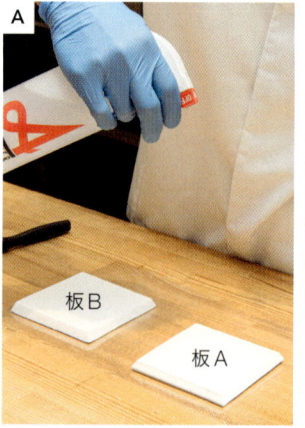
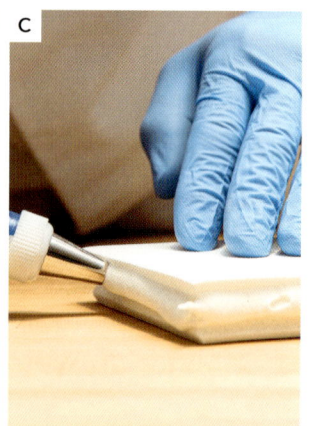
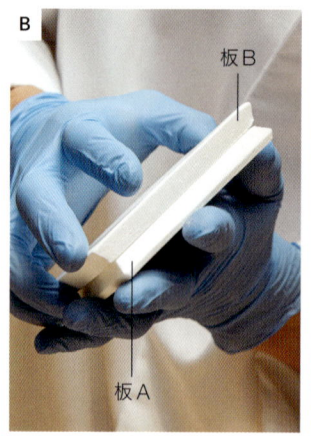
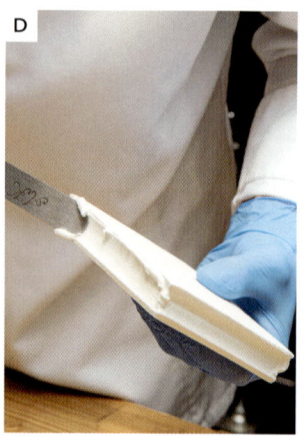

8 茶色のリキッド色素（コーヒーエキス）をエアブラシで　I
　吹き付け、室温にしばらくおいて乾かす。
　▶ エッジの部分に重点的に吹き付けると木材の風合い
　を表現しやすい。

9 丸口金と木の葉の口金を使い、⑧の側面に黄色に着色　J
　したグラス・ロワイヤルを絞る。

10 土台の上部を組み立てる。上部の底面のパーツ（10×　K
　10cm×厚さ3mmの正方形の板）を回転台に置き、隣
　り合う2辺に沿って上部の側面のパーツ（上底4×下底
　10×高さ約18cm×厚さ3mmの台形の板）を2枚立て
　る。このとき、いずれのパーツも包丁で斜めに削った
　部分が内側を向くようにして立てる。

11 丸口金を取り付けた絞り袋にグラス・ロワイヤルを入　L
　れ、⑩の接着部分に内側から絞る。ペインティングナ
　イフなどでなぞり、隙間をしっかりとグラス・ロワイ
　ヤルで埋める。室温に1日おいて乾かす。

12 ⑪と同様にして上部の側面のパーツ1枚を接着する。

13 残りの側面のパーツ1枚は、縁にグラス・ロワイヤル
　をつけて⑫に接着する。

14 上部の上面のパーツ（4×4cm×厚さ3mmの正方形の
　板）の縁にグラス・ロワイヤルをつけ、⑬の上面に接
　着する。

細かな作業には口金や画材道具も使用

接着部分のグラス・ロワイヤルを平らにならす
には、油彩画用のペインティングナイフなどの
画材道具が便利。グラス・ロワイヤルのパイピ
ングには口金が活躍する。

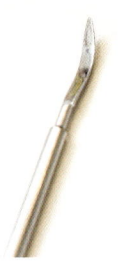

E
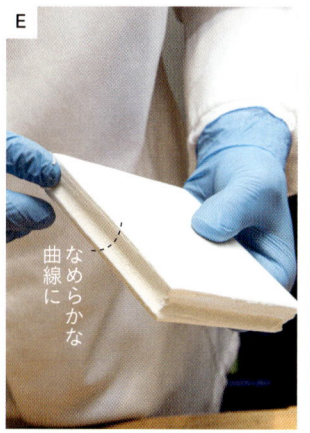
なめらかな曲線に

I

F
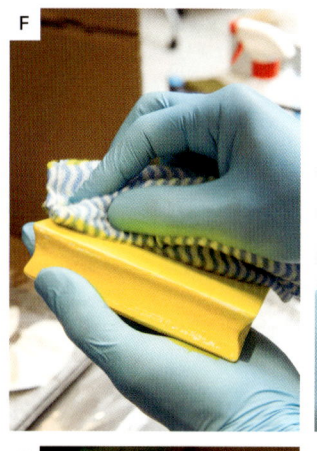

J
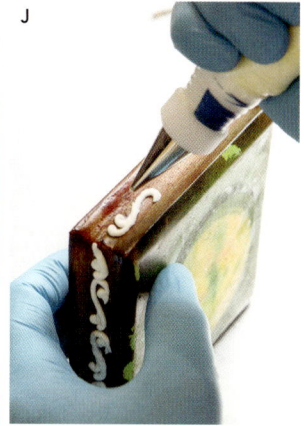

G
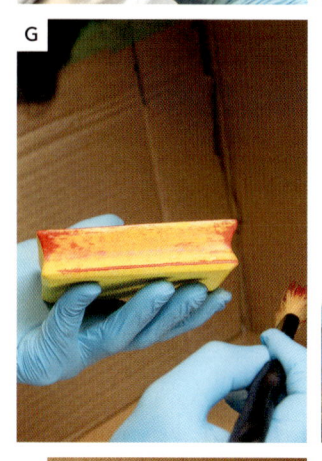

K
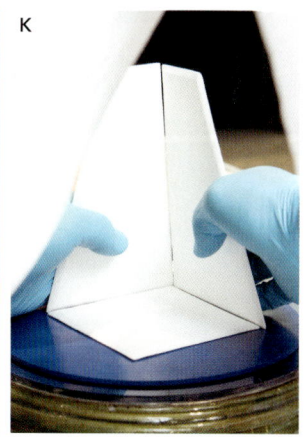

H

L
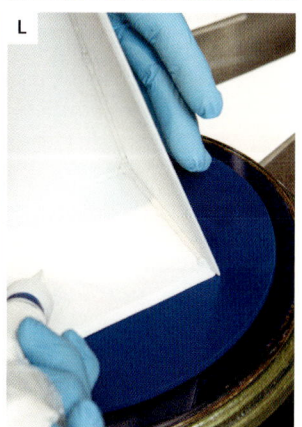

15 土台の上部と下部を接着する。⑨（土台の底部）の中央にグラス・ロワイヤルを少量絞り、⑭（土台の上部）をのせて接着する。

16 グラス・ロワイヤルでつくった土台の飾りを塗装する。まず、白い部分が適度に残るように、黄色、赤色、緑色のリキッド色素を順にエアブラシで吹き付ける。続いて全体に金色のリキッド色素をエアブラシで吹き付け、茶色の色素を部分的に吹き付ける。
▶ エッジの部分を重点的に着色すると立体感が出る。

17 塗装した土台の飾りの裏側にグラス・ロワイヤルを少量絞り、土台上部の側面に貼り付ける。
▶ 小さな飾りを貼り付けるときは、ピンセットを使うと作業しやすい。

18 全体に金色のリキッド色素をエアブラシで吹き付ける。土台の下部に茶色のリキッド色素をしっかりと吹き付ける。
▶ 土台をセルクルにのせると下部の作業がしやすい。

M

O

N
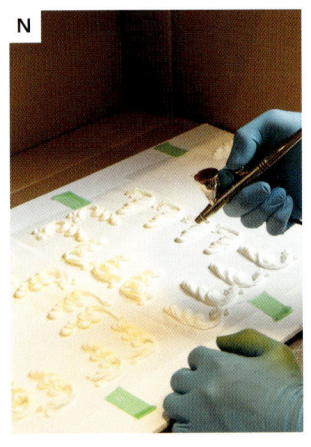

P

CHECK：接着方法

パスティヤージュどうしの接着には
グラス・ロワイヤルを用いる

パスティヤージュのパーツどうしを貼り合わせる際は、接着剤としてグラス・ロワイヤルを使う。グラス・ロワイヤルは純粉糖に卵白を混ぜたものだが、卵白の量で濃度を調整する。隙間をグラス・ロワイヤルでしっかりと埋め、十分に乾燥させること。

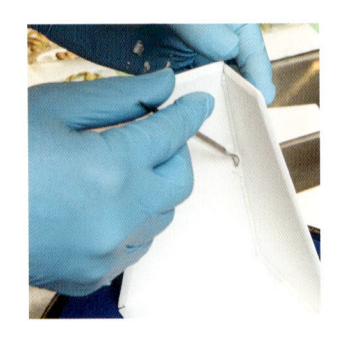

アメ細工のパーツづくり ①
［ 主役以外のおもなパーツをつくる ］

アメ細工で主役のピエロ以外のおもなパーツをつくる。引きアメ（シュクレ・ティレ）の花びらやバラの花など初級編で登場した細工は、ひと工夫してより表情豊かに仕上げて盛り込む。

POINT

❶ バラは色合いを微妙に変えた3色の花びらでグラデーションをつける。

❷ アメ細工の球体や板は、白色のアメでつくるが、さらに白く塗装して土台のパスティヤージュの白とほどよく調和させる。

バラ

花びら

正方形の板＆球体

正方形の板＆球体

1　正方形の板をつくる。シリコンマットに厚さ5mmのバール4本を内側が4×4cmの正方形になるように置き、バールの内側側面にスプレーオイルを吹き付ける。そこに白色の流しアメ用のアメを流し入れる。室温で冷まして固める。つくり方は20頁の土台のパーツを参照。固まったら白色のリキッド色素をエアブラシで吹き付ける。

▶ 白いアメだがさらに白く塗装することで、土台のパスティヤージュの白とほどよく調和させる。

2　球体をつくる。上部に小さな穴があいている直径6cmのシリコン製の球状の型に、小さな穴から白色の流しアメ用のアメを流し入れる。室温で冷まして固める。つくり方は36頁の土台のパーツを参照。固まったら型をはずし、白色のリキッド色素をエアブラシで吹き付ける。

▶ 白いアメだがさらに白く塗装することで、土台のパスティヤージュの白とほどよく調和させる。

花びら

1 白金色の引きアメ用のアメ（着色せずに炊き、ごくわずかに
   焦がして引いたアメ）で花びらをつくる。つくり方は22頁を
   参照。ただし、バラに使う花びらとは異なり、親指を押し
   込んでくぼみをつくることはせず、引っ張って薄くのばしたの
   ち、適宜にたゆませたり、くるりと巻いたりして、ふんわりと
   したデザインに仕上げる。

A~B

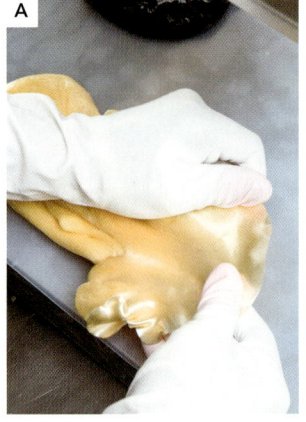

バラ

1 赤色の引きアメ用のアメでバラの芯を、赤色、オレンジ色、
   黄色の引きアメ用のアメで3色の花びらをつくり、グラデー
   ションになるように芯に花びらを接着する。これを大・中・
   小の3サイズ用意する。バラのつくり方は22頁、接着方法
   は71頁の「CHECK」を参照（以下同）。

A~F

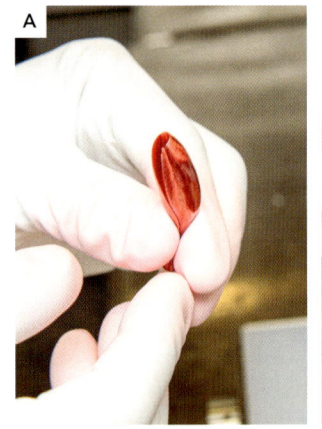

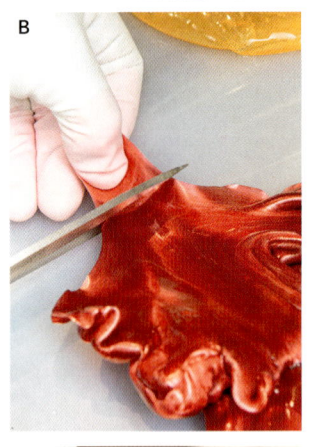
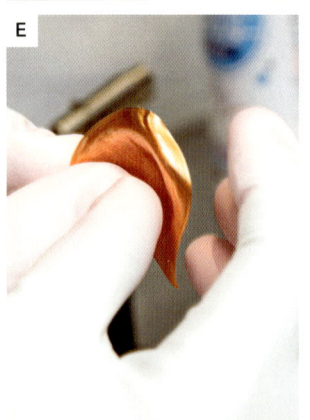

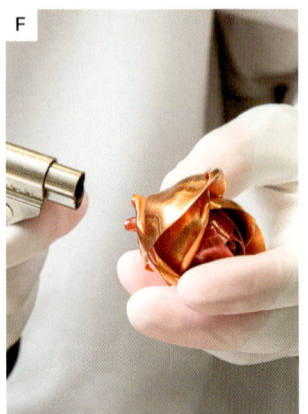

アメ細工のパーツづくり ②
［ ピエロをつくる ］

吹きアメ（シュクレ・スフレ）を主体につくり上げる躍動感あふれる主役のピエロ。小さなパーツをつくっては、作品全体の輪郭をイメージしながら組み立てていく。

POINT

❶ 縦に真っ直ぐな軸、その軸に重心がくることをイメージしながら、パーツをつくって組み立てる。主軸となるピエロの胴体と右足は、ゆるやかな曲線を描きながら安定させる。

❷ ピエロの胴体と足は2種類のアメを重ねて透明感を出しながら奥行も表現する。

ブーツ

頭部と帽子

衣類をまとったボディ

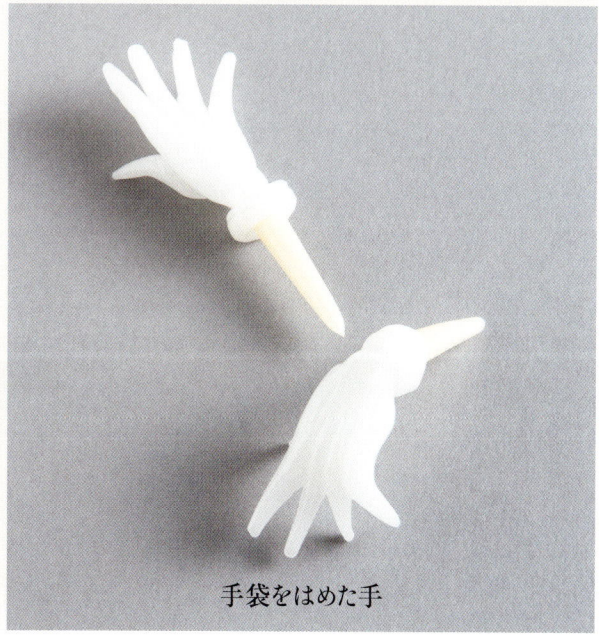

手袋をはめた手

頭部と帽子

1 頭部をつくる。肌色の流しアメ用のアメを切り出して　**A~C**
　丸め、顔まわりのベースとする。白色、黒色、赤色、
　青色の流しアメ用のアメで、口まわりや眉、目、鼻な
　どの顔のパーツをつくり、ベースに接着する。

　▶ 細かいパーツはマジパン細工の要領でつくる。

2 肌色の流しアメ用のアメを丸めて後頭部から首にかけ　**D**
　ての形に成形し、①に接着する。

3 オレンジ色の流しアメ用のアメを細長いしずく形にす　**E**
　る。これをいくつも用意して、頭部の横から後ろにか
　けて接着して髪の毛に見立てる。

4 肌色の流しアメ用のアメを平らな楕円形にし、顔の横　**F**
　に接着してマジパンスティックでくぼみをつくり、耳
　に見立てる。

5 帽子をつくる。黒色の流しアメ用のアメを円盤形と円　**G~H**
　錐台に成形する。円錐台にしたアメをひっくり返し、
　小さく丸めた白色の流しアメ用のアメをつけて、円盤
　形にしたアメと接着する。

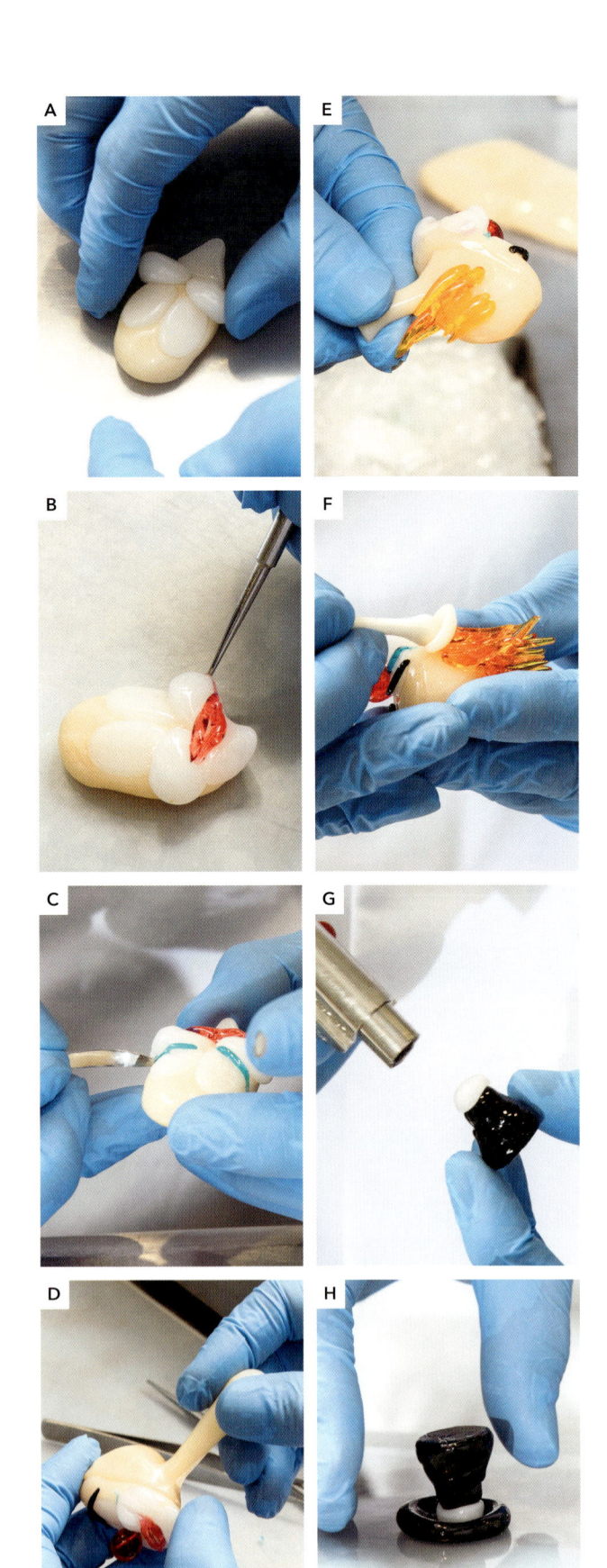

手袋をはめた手

1 白色の流しアメ用のアメを切り出し、棒状にする。片側の　A~B
先端を少し細くしてやや平らにし、ハサミを入れて指をつくる。

2 指の関節にあたる部分を画材道具などを使って適宜に曲げ、
動きを出す。

3 手首を少し残して切り落とし、小さく丸めた白色の流しアメ　C
用のアメ（手袋の入口部分に見立てる）に押し付けて接着す
る。

4 肌色の流しアメ用のアメを棒状にし、手袋の入口部分に接　D
着する。

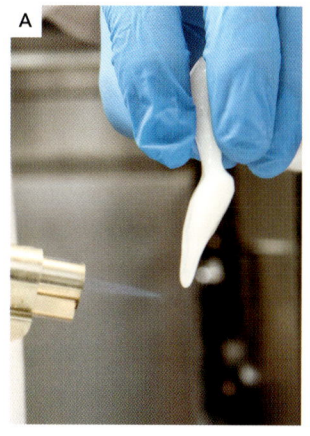

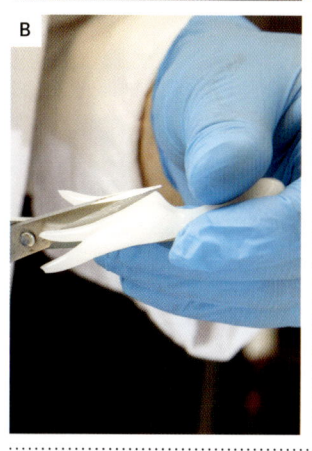
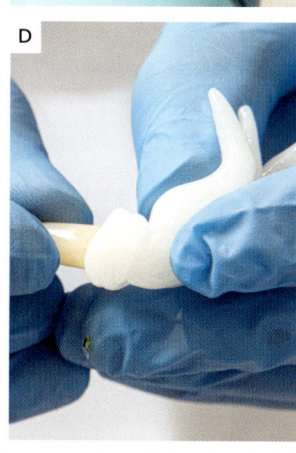

ブーツ

1 ブーツの足首から先の部分をつくる。茶色の吹きアメ用のア　A~B
メをポンプの管に密着させる。空気がもれないように、隙
間をつくらないこと。少しずつ空気を入れる。少し膨らんだ
ら、先端に丸みをもたせつつ手で引っ張ってのばし、折り
曲げる。管を抜き、折り曲げたあたりで切る。

2 足の足首から脛の部分をつくる。白色の流しアメ用のアメを　C~D
細い棒状にする。片方の端に向かって細くなるようにし、マ
ジパンスティックで筋をつけて靴下のニュアンスを出す。適
度な長さに切り、細いほうを上にして①に接着する。

3 ブーツの足首から上の部分をつくる。茶色の引きアメ用のア　E~F
メを引いて薄くのばし、適当な形に切って②の白い足の正
面に接着してブーツのベロに見立てる。同様に茶色の引き
アメ用のアメを引いて長方形に切り出し、白い足をおおうよ
うに②に巻いて接着する。

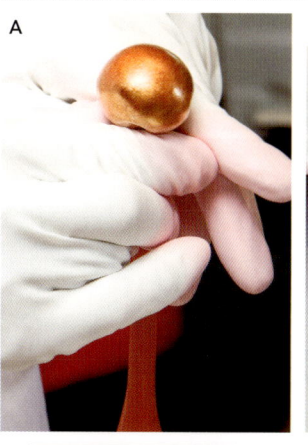
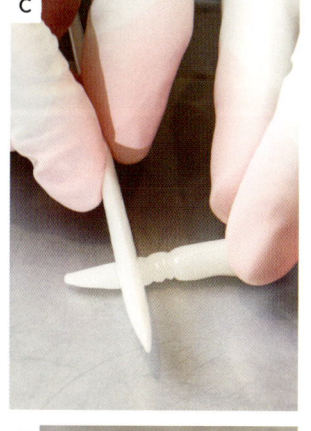

4 靴底と靴紐をつくる。黒色の流しアメ用のアメを薄くのばし、ブーツの底に接着する。マジパン用のヘラなどで溝をつくる。黒色の流しアメ用のアメをごく細く短い紐状にし、これを何本か用意してブーツに接着する。同様に黒い紐状にしたアメを何本か用意して、曲げたり接着したりして蝶結びの形をつくり、ブーツに接着する。　　**G~H**

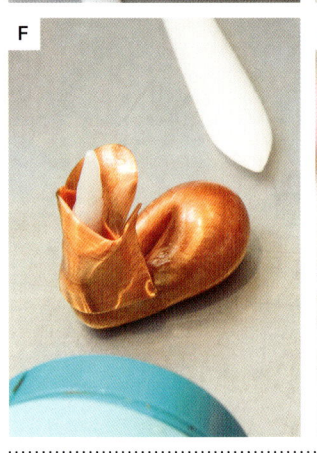
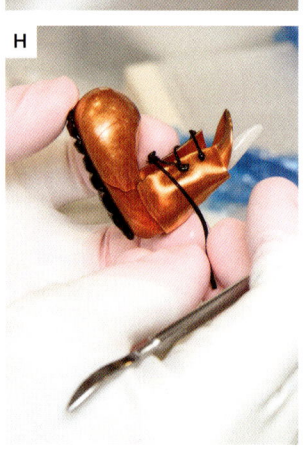

胴体と足

1 胴体から右足までをつくる。無着色の引きアメ用のアメを平らな正方形にし、青色の流しアメ用のアメを厚さ5～7mmの正方形のばして重ねる。均一な厚みとツヤのある状態を保ちながら手ばやくくぼみをつくる。

2 ポンプの管に、先端を少し残したまま青い流しアメ用のアメを巻く。これを包むようにして①を密着させる。空気がもれないように、隙間をつくらないこと。

3 密着させたアメとポンプの管をしっかりと手で押さえながら空気を入れる。棒状にのばし、適当な長さになったらバーナーの火をあててハサミで切る。手で曲げてゆるやかな曲線をつくる。　　**A**

4 左足をつくる。①～③と同様にして青いストロー状のアメ細工をつくり、膝にあたる部分を折り曲げてL字にする。ブーツを取り付けるほうの先端を作業台に押し付けて平らにし、画材道具などで穴を広げる。　　**B~C**

5 ③と④を接着する。　　**D**

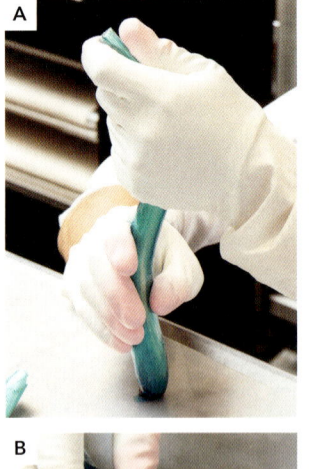

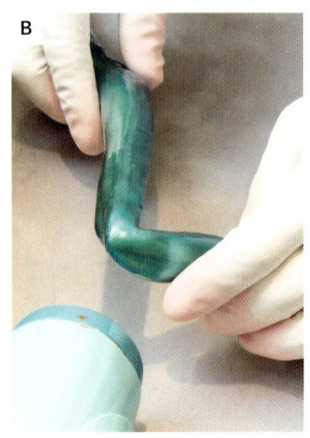
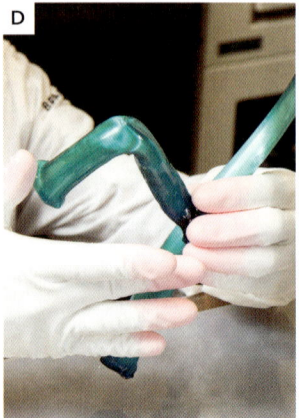

シャツ、首、ネクタイ

1 シャツをつくる。白色の流しアメ用のアメをのばして長い台形に切り出し、短い辺を上にして胴体に巻き付ける。
   ▶ 左足の接着部分まではしっかりと巻き付け、その下はふんわりとさせて動きをつける。

2 首をつくる。肌色の流しアメ用のアメを小さく切り出し、一方の端は細く、もう一方は太くして首に見立てる。太いほうを下にして胴体の先端に入れ込んで接着する。

3 ネクタイをつくる。オレンジ色の流しアメ用のアメを長方形にのばし、その上に青色の流しアメ用のアメを細い紐状にして斜めに何本も並べてストライプ柄にする。少し引いてのばし、ハサミで切って長さと幅をととのえる。縦半分に折りたたみ、ストライプ柄をダイヤ柄にする。一方の先端が三角形になるようにハサミで切り、全体を少したゆませてゆるやかなS字にする。

4 ③で切り落とした残りのアメを少しとって丸め、三角形にしてネクタイの結び目に見立てる。首元に接着する。

5 白色の流しアメ用のアメを長方形に切り出し、首にぐるっと巻いて襟に見立てる。

A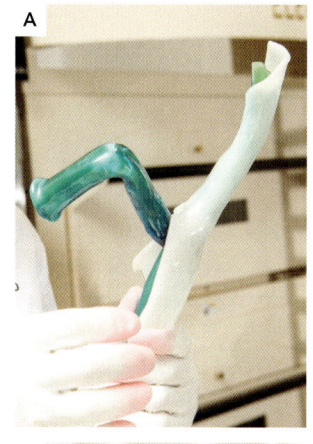

B

C~F

G

H

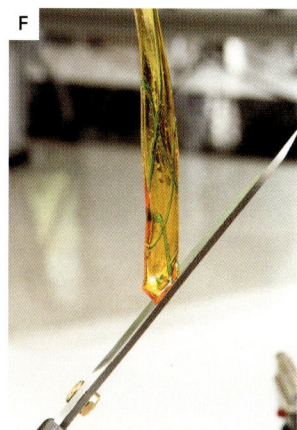

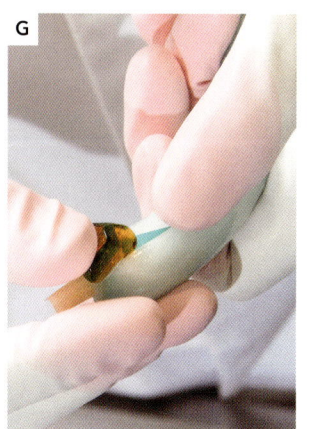

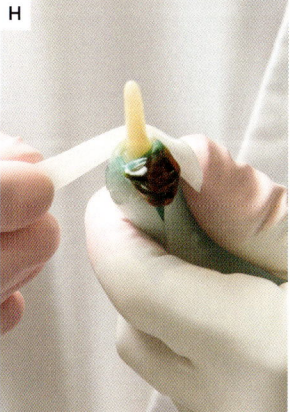

ジャケット

1 緑色の引きアメ用のアメを少し厚みをもたせたシート状にし、ハサミで台形に切り出す。 **A**

2 短い辺を上にして、シャツを巻いた胴体に巻き付け、たゆませて服のシワを表現するなどしながら形をととのえる。 **B**

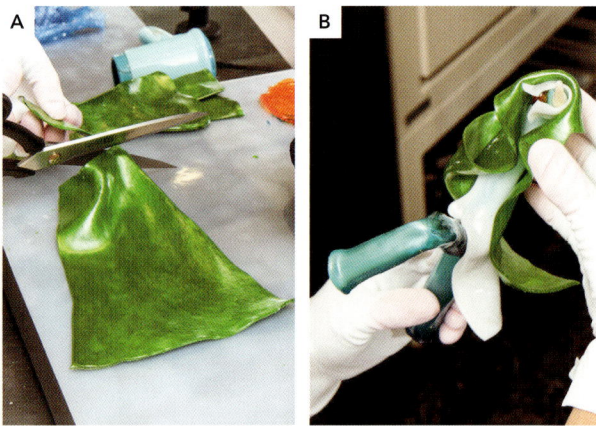

腕

1 緑色の引きアメ用のアメを使い、胴体と足の工程①〜③の要領でストロー状にする。太さと長さをととのえてバーナーの火をあててからハサミで切る。切り口を指で押し込むようにして広げ、縁をペインティングナイフなどでととのえて袖口に見立てる。 **A〜B**

2 ジャケットに①を接着する。もう片方の腕も①と同様につくり、肘にあたる部分を曲げる。ジャケットに接着する。 **C〜D**

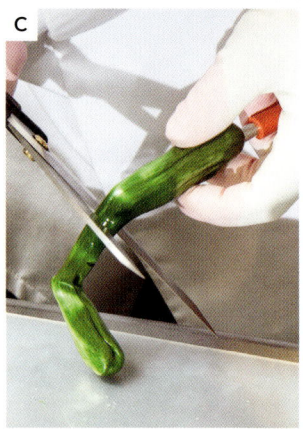

CHECK：バランス

軸は曲線を描いたピエロの胴体から足

主役のピエロを軸に輪郭をイメージする。軸となるのは、片足で立つピエロ。完成をイメージしながらしっかりと重心がとれるように曲線を描き、やわらかさと動きを表現する。

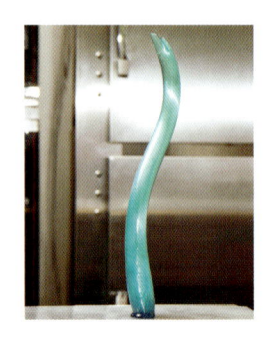

仕上げ

1 首に頭部を接着し、袖口の中央に手袋をはめた手を接着する。　A~C

2 ブーツに組み込んだ足首から脛の部分にあたる白色のアメに接着用の固形のアメを巻き、左足の先に入れ込んで接着する。　D

3 頭部に帽子を接着する。　E

4 首元に取り付けたネクタイの結び目に、ネクタイを接着する。　F

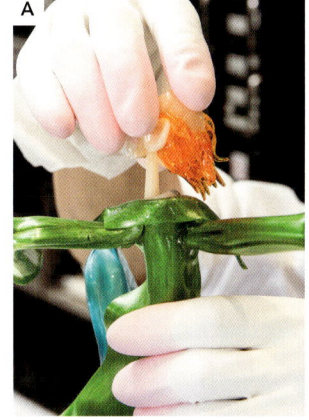

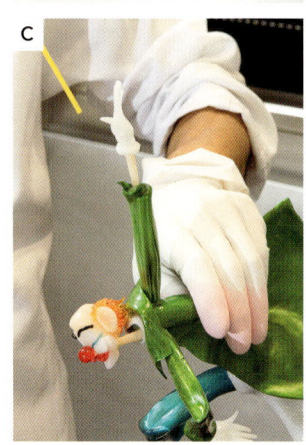

CHECK：接着方法

アメ細工の接着方法は強度を考えて選ぶ

アメ細工どうしの接着は、小さなパーツを接着する際は接着面に直接バーナーの火をあてるか、接着用の液体のアメをつけてバーナーの火をあてる。大きめのパーツは、接着用の固形のアメをつけてバーナーの火をあてて接着する。強度を考えて接着方法を選ぶこと。適宜、エアダスター（冷気が出ないタイプ）やドライヤーの風をあてて固める。

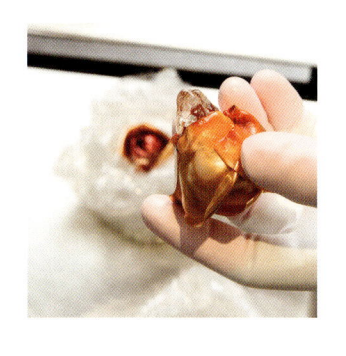

組立て・輪郭づくり・仕上げ

パスティヤージュの葉やつぼみ、アメ細工のバラなどを接着し、全体のラインをつくる主役のピエロを取り付けて輪郭をはっきりとさせる。軽やかさや動きを出す細かなパーツを取り付けて仕上げる。

POINT

❶ 球体のアメ細工に、大小異なるさまざまなデザインのパーツを放射状にバランスよく接着する。360度、どの角度からも美しく見えることを意識する。
❷ ピエロに持たせる輪のサイズや色、位置は、全体のバランスを見ながら最後に決める。

1 4×4cmの正方形のアメ細工の裏側にグラス・ロワイヤルを少量つけ、土台の上面に接着する。接着方法は62頁、71頁、73頁の「CHECK」を参照（以下同）。

2 球体のアメ細工に接着用の固形のアメを少量つけ、バーナーの火をあてる。①にのせて接着する。

3 ②の球体にパスティヤージュの葉やフリルの葉を接着する。　A~B

4 パスティヤージュのつぼみを、葉やフリルの葉の間、また裏側に接着する。　C
　▶ 茎の長さを変えると動きが出る。小さなパーツは接着部分を隠す役割も担う。

5 球体の正面にアメ細工の大きなバラを、その両脇に中・小サイズのバラを接着する。　D~E

6 オレンジ色の引きアメ用のアメを使い、吹きアメの手法で細いストロー状のアメ細工を数本つくる。先端を細くし、曲線を描く。このうちの3本をバランスを見ながら球体に接着する。

7 球体の上にピエロを接着する。ピエロの足元に白い花びらを接着し、足元をおおう。　F~G

A
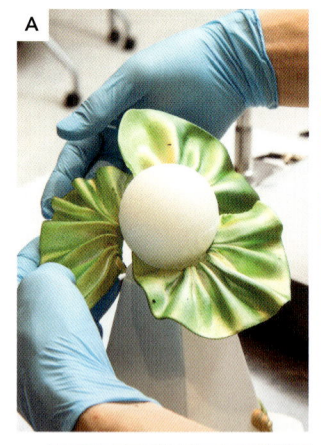

C

B

D

8　無着色の流しアメ用のアメを細い紐状にし、花びらやフリルの葉の間に接着する。

9　黄色、緑色、オレンジ色の引きアメ用のアメで細いリボンをつくり、セルクルなどに沿わせてサイズの異なる輪をつくる。リボンのつくり方は28頁を参照。ピエロの鼻に大きな緑色の輪とオレンジ色の小さな輪を接着する。　H

10　右手の指の間にオレンジの輪を、左手の指の間に黄色の輪を接着する。輪が背中にふれる部分には接着用の液体のアメを少量つけて背中に接着して安定させる。　I

11　星形の模様をつけた小さなアメ細工をつくる。つくり方は36頁の土台のパーツを参照。これをジャケットや手首、輪や帽子などに飾る。　J

E　H
F　I
G　J

リボンのつくり方は28頁を参照。

つくり方は36頁の土台のパーツを参照。

[CHECK：接着方法]

パスティヤージュとアメ細工の接着は温度に注意

パスティヤージュとアメ細工を接着する際は、基本的に接着用の固形のアメを少し温度を下げて粘土状にして使う。接着用のアメが高熱すぎるとパスティヤージュが割れてしまうこともあるので注意が必要。

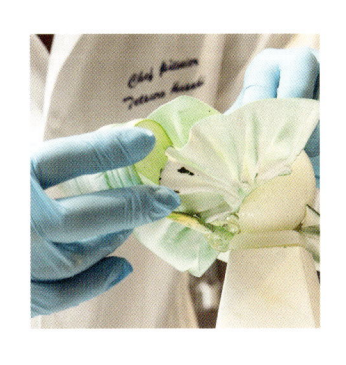

ピエスモンテ・技術と表現の変遷
── 冨田大介

ジャパンケーキショー 2006年
「チョコレート工芸菓子」
部門・大会会長賞

日本最大級のコンクールでの受賞作品です。生きているかのようなコブラとイグアナの表現にも力を入れ、ダイナミックさと美しさを強く打ち出しました。実際の動物よりも腕を太くするなど、本物からはずれないなかでのデフォルメを意識。このころからメインと土台のバランスをとくに意識するようになりましたね。

© (一社)日本洋菓子協会連合会

内海杯2007年
「技術コンクール チョコレート」
部門・優勝

重厚感と軽さの相対する表現をバランスよく盛り込んで"魅せた"作品です。テーマは「愛」で、カメ、ゾウ、サルなどの動物を親子でつくり、美しい卵をあしらいました。土台はミルクとダークの2色のチョコで制作し、素材の色みと特性を最大限にアピール。シャルル・プルースト杯の日本代表選考も兼ねた大会でした。

© (一社)日本洋菓子協会連合会

シャルル・プルースト杯2008年
総合優勝

フランスの権威ある大会の一つで、総合優勝した作品です。チョコのほか、アメとパスティヤージュの細工を組み合わせるのがルール。海外のコンクールのため、素材の特性による表現をしっかりと見せつけると同時に派手さも意識しました。私ならではの、作品としての圧倒的な存在感、世界観を世界に示せたと思います。

©Le Concours Trophee Relais
Dessert Charies Proust

チョコレートの
ピエスモンテ

技術指導：冨田大介

アメとは異なる華やかさや力強さ、
ツヤのある輝き、マットな質感、リアルな造形……
素材感を生かしつつ、チョコレートの多彩な"顔"を魅せる。

覚えておきたいチョコレート細工と技法

基礎編
Basic

片面にツヤを出す

［材料］
ダークチョコレート
（テンパリングする）

［道具］
天板／ギターシート／
パレットナイフ／定規／
ペティナイフ／OPPシート

1 天板の裏にギターシートを貼り、一方の端に近いところにテンパリングしたチョコレートを帯状に流す。
　▶ 天板にシートを敷くときは、天板にアルコールをスプレーで吹き付けてシートを重ね、上からカードをすべらせて空気を抜いて密着させる。
　▶ ギターシートは伸縮性があり、密着性も高いため、上からナイフの背をすべらせたり、型を押し付けたときにシートを切ることなくチョコレートを切ったり、跡をつけることができる。ギターシートを貼ったまま保管できるのも利点。

2 パレットナイフで薄くのばし広げる。そのまましばらくおく。

3 表面をさわって手につかなくなったら、完全に固まらないうちに定規をあててペティナイフで好みの大きさに切る。

4 OPPシートをかぶせ、チョコレートが反らないように上に天板を重ねて冷蔵庫で冷やし固める。10〜15℃の場所、あるいは冷蔵庫で保管する。

両面にツヤを出す

［材料］
ダークチョコレート
（テンパリングする）

［道具］
天板／ギターシート／麺棒／
定規／ペティナイフ

1 天板の裏にギターシートを貼り、一方の端に近いところにテンパリングしたチョコレートを帯状に流す。

2 もう1枚のギターシートを空気が入らないように重ねる。

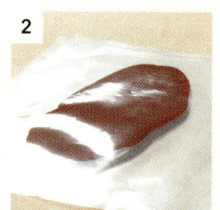

3 麺棒をチョコレートをのせた部分に置き、向うの端に向かって押さえ付けるようにしながらすべらせて、チョコレートを薄くのばし広げる。
　▶ チョコレートをのばしてからギターシートを重ねると空気が入りやすいため、先にシートを重ね、麺棒で空気を抜きながらのばす。

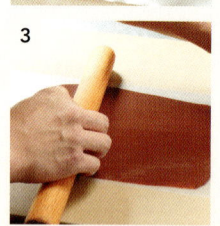

4 完全に固まらないうちに定規をあて、ペティナイフの背で好みの大きさに筋をつける。
　▶ ギターシートは切らずに溝をつくるイメージでナイフの背をすべらせ、チョコレートのみを切断する。

5 チョコレートが反らないように天板を重ね、冷蔵庫で冷やし固める。10〜15℃の場所、あるいは冷蔵庫で保管する。
　▶ 両面にギターシートが密着しているため、衛生的で、保管時に重ねられるのもメリット。

《 LESSON 1 》
プレートの基本と応用

プレートは非常に汎用性の高い細工。色合いや質感、形を変えるだけでまったく異なる表情に仕上がる。押し型を使えば立体感のある細工をつくることも可能だ。

プレートの応用①
鉄のような質感にする

［材料］
ダークチョコレート
（テンパリングする）／
色粉（ブロンズ）

［道具］
天板／ギターシート／定規／
パレットナイフ／スポンジローラー／
ペティナイフ／OPPシート／刷毛

1 「プレートの基本①」の工程①〜②を行う。完全に固まらないうちにスポンジローラーにチョコレートを少量つけ、のばしたチョコレートの上にのせて転がす。これを数回くり返して、しっかりと模様をつける。そのまましばらくおく。

2 表面をさわって手につかなくなったら、完全に固まらないうちに定規をあて、好みの大きさに切る。

3 OPPシートをかぶせ、チョコレートが反らないように天板を重ねて冷蔵庫で冷やし固める。10〜15℃の場所、あるいは冷蔵庫で保管する。

4 ブロンズ色の色粉を刷毛に少量つけ、チョコレートの表面に薄く塗る。
　▶ パールパウダーは凹凸模様の凸部分だけに色をのせるイメージで、何度か塗り重ね、色を濃くしていく。

プレートの応用②
まだら模様をつける

［材料］
ダークチョコレート
（テンパリングする）／
ホワイトチョコレート
（テンパリングする）

［道具］
天板／ギターシート／定規／
スポンジローラー／パレットナイフ／
ペティナイフ／OPPシート

1 天板の裏にギターシートを貼る。スポンジローラーにダークチョコレートを少量つけ、ギターシートの上にのせて転がす。これを数回くり返して、しっかりと模様をつける。そのまましばらくおく。
　▶ この段階で完全に固めると、工程②で流すホワイトチョコレートがしっかりと密着せず、はがれやすくなってしまうので注意。

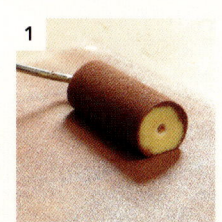

2 ホワイトチョコレートを①の一方の端に近いところに帯状に流し、パレットナイフで薄くのばし広げる。そのまましばらくおく。

3 表面をさわって手につかなくなったら、完全に固まらないうちに定規をあて、好みの大きさに切る。

4 OPPシートをかぶせて天板を重ね、冷蔵庫で冷やし固める。10〜15℃の場所、あるいは冷蔵庫で保管する。

片面に色をつける

[材料]

ダークチョコレート
（テンパリングする）／
リキッド色素*（赤）／
色粉（ブロンズ）

＊色粉とカカオバターを混ぜ合わせたもの。

[道具]

天板／ギターシート／刷毛／
パレットナイフ／定規／
ペティナイフ／OPPシート

1 リキッド色素（赤）をはじめに約45℃まで加熱してから、約40℃に調整する。

2 天板の裏にギターシートを貼る。ギターシートの一方の端に近いところに①を帯状に少量流し、刷毛を左右に動かして細い線状に跡が残るように薄く塗り広げる。ツヤが消えてマットな質感になるまで刷毛を動かし続ける。そのまましばらくおく。

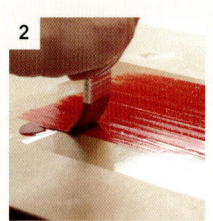

3 ブロンズ色の色粉を刷毛に少量つけ、②の表面をなぞって色をつける。
▶ ブロンズ色など発色のよい色粉を重ねると赤色の発色もよくなり、ダークチョコレートの濃い茶色にも負けない。そうした色粉がなければ白色の色粉でもOK。工程②でつくった線状の跡に対して60度ほどの角度をつけて刷毛を動かすと、線状の跡にもしっかりとパウダーが付着する。

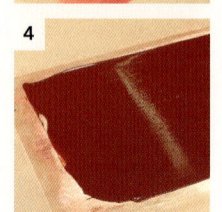

4 ③の一方の端に近いところにチョコレートを帯状に流し、パレットナイフで薄くのばし広げる。そのまましばらくおく。
▶ ダークチョコレートを合わせるとシックな雰囲気に、ホワイトチョコレートを合わせると華やかな雰囲気になる。

5 表面をさわって手につかなくなったら、完全に固まらないうちに定規をあて、好みの大きさに切る。

6 OPPシートをかぶせて天板を重ね、冷蔵庫で冷やし固める。10〜15℃の場所、あるいは冷蔵庫で保管する。

両面に色をつける

[材料]

ダークチョコレート
（テンパリングする）／
リキッド色素*（緑）／
色粉（金）

＊色粉とカカオバターを混ぜ合わせたもの。

[道具]

天板／ギターシート／刷毛／
麺棒／しずく形の型／OPPシート

1 リキッド色素（緑）をはじめに約45℃まで加熱してから、約40℃に調整する。

2 天板の裏にギターシートを2枚並べて貼る。それぞれ、一方の端に近いところに①を帯状に少量流し、刷毛を左右に動かして細い線状に跡が残るように薄く塗り広げる。ツヤが消えてマットな質感になるまで刷毛を動かす。そのまましばらくおく。

3 金色の色粉を刷毛に少量つけ、②の表面をなぞって色をつける。

4 ③の1枚に、端に近いところにチョコレートを帯状に流す。③のもう1枚を着色した面を下にして空気を抜きながら重ねる。麺棒をのせて押さえるようにして端から端へとすべらせ、チョコレートを薄くのばし広げる。

5 完全に固まらないうちに、しずく形の型を上からしっかりと押し付ける。
▶ ギターシートは切らずに溝をつくるイメージで型を押し付け、チョコレートのみを切断する。

6 天板を重ねて冷蔵庫で冷やし固める。10〜15℃の場所、あるいは冷蔵庫で保管する。

《 LESSON 2 》
定番のチョコレート細工

コロッとかわいらしい形のコポー、フランス語で「扇」を意味する華やかなエヴァンタイユ、繊細な印象を与える螺旋は定番中の定番。いずれも動きを出したいときに最適な細工。

コポー
Copeau

[材料]
ダークチョコレート
（ブロック状／常温にもどす）

[道具]
ドライヤー／天板／OPPシート／
リング状のチーズナイフ

1 常温にもどしたチョコレートの表面にドライヤーをあて、少しツヤが出るまで温める。
▶ 溶けてはいないけれど、固すぎない状態に調整する。やわらかすぎると削ることができず、固すぎるときれいに丸まらない。

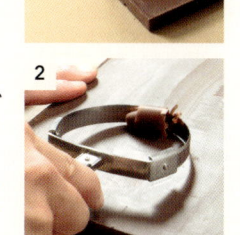

2 リング状のチーズナイフを①にあて、手前に真っ直ぐに引くようにして表面を薄く削る。
▶ 真っ直ぐに引くと自然と丸まる。チーズナイフの代わりにセルクルを使ってもOK。

3 形を軽くととのえて、OPPシートを敷いた天板にのせ、室温または冷蔵庫で固める。

NG
チョコレートの表面が固すぎると、写真のように丸まらずに帯状に削れてしまう。適度にやわらかくしておくことが大切だ。

螺旋
Spiral

[材料]
ダークチョコレート
（テンパリングする）／
消毒用アルコール

[道具]
スプレー／ケーキフィルム／
ベーニュ（筋をつける道具）／
麺棒

1 作業台などに消毒用アルコールをスプレーで吹き付け、ケーキフィルムを貼り付ける。

2 一方の端にチョコレートを少量のせ、ベーニュで何度かなぞるようにしてフィルムに横一直線に広げながら筋をつける。そのまましばらくおく。
▶ パレットナイフでのばしてからベーニュで筋をつけると、チョコレートが薄くなり、強度が下がってしまう。ベーニュを立て気味にして、のばしつつ筋をつけるとチョコレートに適度な厚みが出る。

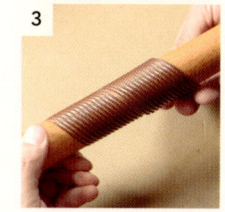

3 表面をさわって手につかなくなったら、完全に固まらないうちにフィルムごと持ち上げ、フィルムごと麺棒などに巻き付ける。フィルムを外側にして巻くか、内側にして巻くかは仕上がりの好みに応じて変える。冷蔵庫で冷やし固める。
▶ フィルムを外側にして巻けば表面がつるつるに、内側にして巻けばマットな印象に仕上がる。

4 ケーキフィルムをはがし、好みの長さに切って使用する。

エヴァンタイユ
Éventail

[材料]

ホワイトチョコレート
（約45℃に調整する）

[道具]

天板（40〜45℃に調整する）／パレット
ナイフ／三角パレットナイフ／OPPシート

1 40〜45℃に調整した天板を裏返し
にし、約45℃に調整したチョコレー
トをのせる。その上からパレットナ
イフを何回もすべらせ、少し透ける
くらいの薄さにのばし広げる。その
まましばらくおく。
　▶ 天板を温めておくのは、チョコ
レートをのばす際に、チョコレート
の温度が下がってテンパリングした
状態にならないようにするため。テ
ンパリングした状態になるときれい
に天板からはがれず、ひだのある扇
状にもならない。ただし、加熱しす
ぎるとチョコレートが焼けてしまう
ので注意。

2 表面をさわって手につかなくなったら、OPPシートを空気が入ら
ないようにかぶせ、天板を重ねて冷蔵庫に3〜4時間おく。
　▶ 乾燥すると作業しにくくなるので、OPPシートを貼る。

3 冷蔵庫から取り出してそのまましばらくおき、端を三角パレット
ナイフで少しだけ削って状態を確かめる。しなやかな帯状にスムー
ズに削れればOK。
　▶ 切り口がギザギザになる場合はチョコレートが固すぎる。逆に
厚い塊になる場合はやわらかすぎる。

4 縦長になるように作業台に置き、三角パレットナイフの角をチョ
コレートの手前の縁に斜めにあてる。ナイフの角をチョコレート
の下に少しすべり込ませ、もう一方の手の人差し指をチョコレー
トの上からナイフの角にあて、前方へとすべらせる。一定の幅で、
かつ適度にひだをつくるようにして扇状に削り出す。

比較

左はチョコレートがやわらかすぎて厚い塊の部分ができてしまっ
た例。適温で削ると、右のようにきれいなひだのある扇状に削り
出せる。

✕　　　　　　　　　　○

NG

チョコレートが固すぎると切り口がギザギザになってしまう。

アートなチョコレート細工

透け感のある花びらは可憐に、野性的な木はダイナミックに。モチーフによって印象が変わるのもチョコレート細工の醍醐味。店内装飾や陳列用の土台などにも使える。

木
Wood

[材料]
ダークチョコレート
（約45℃に調整する）

[道具]
OPPシート／天板／
三角パレットナイフ

1 OPPシートを貼った天板に約45℃に調整したチョコレートを三角パレットナイフでひとすくいのせる。やわらかい粘土のような状態になるまで練る。

2 OPPシートを貼った別の天板に①を少量をのせる。三角パレットナイフをトントンと打ちつけるようなイメージでチョコレートをたたくようにして、細長くなるように成形する。室温か冷蔵庫で固める。
▶ ここでは成形はあえて雑に。雑であればあるほど、天然の木の質感を表現できる。塊ができてもOK。途中でチョコレートの量を増やしたり、コポーを混ぜ込んだりしてもユニークな表情になる。
▶ エアブラシなどで表面を緑色に着色すると苔が生えているような見た目になる。

ネット
Net

[材料]
ダークチョコレート
（約45℃に調整する）

[道具]
天板（冷やす）／コルネ／
パレットナイフ／OPPシート

1 冷凍庫で冷やした天板を裏返しにし、約45℃に調整したチョコレートをコルネに入れて網目状にすばやく絞る。

2 少し固まってきて表面のツヤが消え、マットな状態になったら、パレットナイフをチョコレートの下にさし込んで天板からはがす。

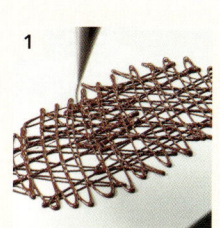

3 手でくるくると巻く。OPPシートを敷いた天板にのせ、冷蔵庫で冷やし固める。
▶ 巻いてから両端を折りたたむと四角形のネットができる。壊れやすいので扱いには細心の注意を。

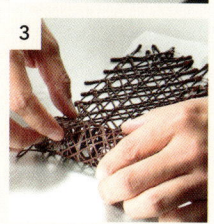

《 LESSON 4 》
曲線が美しい
「絞り」と「モデラージュ」

チョコレートという素材の特性を最大限に生かした細工。クリームのように絞ったり、粘土のようにこねたり……デザインは自由自在に。なめらかで美しい曲線も表現できる。

絞り・星口金
Squeeze

[材料]

ダークチョコレート
（約45℃に調整する）／
消毒用アルコール／
色粉（金）

[道具]

ボウル／星口金／絞り袋／
OPPシート／天板／刷毛

1 約45℃に調整したチョコレートをボウルに入れる。
　▶ テンパリングをしていないチョコレートは固まりにくいので作業性はよいが、ブルーム（カカオバターが溶け、白く結晶化する現象）が起こりやすい。テンパリングしたチョコレートは強度が高く、ブルームは起こりにくいが、固まりやすいので手ばやく作業する必要がある。

2 ①に消毒用アルコールを少量加えてゴムベラで混ぜる。
　▶ 消毒用アルコールの代わりに、ウイスキーなどアルコール度数の高い酒を使ってもOK。ただし、消毒用アルコールのほうが揮発性が高いのでよい状態に仕上がりやすい。

3 ガナッシュのように粘性が出てくるまで混ぜる。軽くまとまり、混ぜた跡が残るくらいの固さになればOK。

4 星口金を取り付けた絞り袋に③を入れ、OPPシートを貼った天板に好みの模様に絞る。冷蔵庫で冷やし固める。

5 金色の色粉を刷毛に少量つけ、凹凸の凸部分に色をのせる。
　▶ 金色の色粉は全体にはつけず、チョコレートの茶色を残してチョコレート細工であることをアピール。凸部分のみを着色することで、立体感も強調できる。

モデラージュ
Modelage

[材料]

ダークチョコレート
（常温にもどす）

[道具]

フードプロセッサー／
OPPシート／天板／セルクル／網

《 モデラージュ①・棒 》

1 常温にもどしたチョコレートをフードプロセッサーで粉砕する。

2 全体がやわらかな粘土状になり、ひとまとまりになるまで撹拌を続ける。

3 ②を少量とって丸め、作業台に置く。手のひらで転がして棒状にし、片方の先端をとがらせる。

4 カーブをつけて形をととのえ、OPPシートを敷いた天板にのせて固まるまでそのまましばらくおく。セルクルなどを利用してカーブをつけてもよい。
　▶ 残りのチョコレートが固くなってきたら、ふたたびフードプロセッサーで撹拌し、やわらかくしてから成形する。撹拌しすぎると、その熱で溶けはじめるので注意。

《 モデラージュ②・筋入り 》

1 「モデラージュ①」の工程①〜③を行う。固まらないうちに網をのせ、網を軽く前後に動かして筋をつける。
　▶ 力を入れすぎると切れてしまうので注意。このほか、好みの形にしてから型押しして模様をつけたり、ギターシートで挟んで薄くのばして花びらの形にしたりすることも可能。

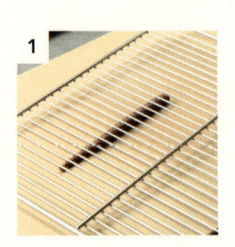

チョコレートのピエスモンテ

初級編

チョコレート本来の色のみで
光の加減や立体感を表現

Beginner

色粉などは用いずに、
基本のチョコレートそのものの色で表現。
使用するチョコレートは、ダーク、ミルク、
ブロンド、ホワイトの4種類。
全体の明暗と濃淡を意識し、
メインとなる花のトップにはホワイトチョコレートを
使ってもっとも明るく光らせる。
2色のチョコレートでマーブル状にした葉や
そぼろ状にした4色のチョコレートを
混ぜ合わせた石で色みに幅をもたせることで、
立体感やきらびやかさを表した。高さ約70cm。

表現の仕方は無限大。
身近な道具を使って挑戦を!

　"チョコレートのピエスモンテ"と聞くと、専用の道具をあれこれそろえたり、オリジナルのシリコン型をつくったりと、たいへんな準備と多額の費用を想像して、はじめる前から壁を感じてはいないでしょうか?　ご心配なく。工夫次第で費用を抑えて気軽につくることができるんです。

　私がチョコレートのピエスモンテをはじめたころ、師匠の寺井則彦さん(「パティスリー エーグルドゥース」オーナーシェフ)からチョコレートを成形するための型を発泡プラスチックでつくる方法を学びました。それを自分なりに進化させ、行き着いたのが現在の方法です。今回紹介する作品も、軸と土台は発泡プラスチックの型でつくります。オリジナルでつくるシリコン型などと比べてはるかに安価でできるのが最大のメリットです。型をつくると同時に完成模型もつくることができます。平面のパネルから生まれるチョコレートのパーツは、磨いて独特の質感を生み出したり、あしらいなどを積み重ねたりすることで、いかようにも表現の幅を広げることができます。そのほかの道具に関しても、最初の段階では特別に高価なものはほとんど必要ありません。

　基本的な道具がそろえば、チョコレートの"固まったら縮む"という特徴を理解しながらパーツをつくり、強度のバランスを考えながら組み立てるのみ。チョコレートは強度が高くないので、メインの細工を過度にボリュームのある重たい仕立てにすると、接着時に軸がくずれます。一般的にダークチョコレートは強度が高く、ホワイトチョコレートは低い。強度バランスを見極める方法ですが、こればっかりは口で説明ができるものではなく、何度もくり返しつくることで身についていくものです。私自身も数々の失敗を重ね、肌感覚でものにしてきました。

　それでもチョコレートのピエスモンテは正解がないから面白い。同じチョコレートでもマットなツヤから輝くツヤまで変化させられますし、光が透過するほど薄くすると明るさの表現も可能です。表現の仕方は無限にある。どんな道具、方法でもいいので、ぜひ自由に取り組んでみてください。

| ## 工程

1.	**構想・スケッチ**	テーマを決め、デザインや色合いを考える。 アイデアを具体化させるため、スケッチをする。
2.	**模型とチョコレートの型づくり**	発泡プラスチックを使って模型と型をつくる。
3.	**パーツづくり**	型を使ったり、絞り方を工夫するなどしてチョコレートでパーツをつくる*。
4.	**土台と軸の加工・組上げ** （24時間以上おく）	土台と軸のパーツを加工しながら組み上げる。
5.	**メインとあしらいの組立て**	おもなパーツを接着し、あしらいのパーツを加えて仕上げる。

＊使用するチョコレートは、ダーク、ミルク、ブロンド、ホワイトの4種類。いずれも事前にテンパリングしておく。

SKETCH | ## スケッチ

もっともメインで見せたい花を中央に置き、葉やつるなどのあしらいで立体感や全体の動きをつくる。ぱっと見たときに印象深い構成にするためには、メイン以外のあしらいを軸に沿わせて配置することが重要。それによって見る人の目線があちこちにとばなくなり、曲線の美しい流れや、あしらいによる立体感が引き立ち、作品の存在感がよりいっそう高まる。

模型と
チョコレートの
型づくり

発泡プラスチックにデザインを描いて切り抜き、切り取った部分は模型に、残った部分はチョコレートを流す型として使用する。

［道具］

両面テープ：チョコレートを型からはずしやすくするため、つるつるとした面を利用する。幅1cmのものを使用。

発泡プラスチック：模型や、チョコレートの抜き型として発泡プラスチックの断熱材を用いる。ここでは、厚さ1cmの「スタイロフォームIB」（ダウ化工）を使用。固くてしっかりとしているが、加工しやすく、一般的な発泡スチロールよりも細かなカスが出にくいといった点がこの素材の魅力だ。

ペンシルカッター：刃の大きな一般的なカッターよりも、繊細なカーブなどがつくりやすい。

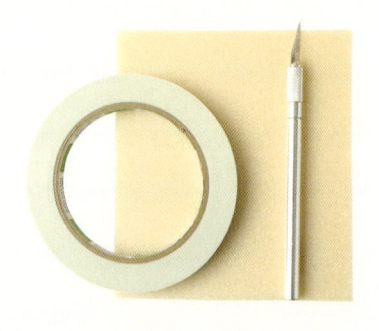

1 発泡プラスチックにボールペンでデザインを描き、その線に沿ってペンシルカッターで型を切り取る。切り取った部分Ⓐは模型に、残った部分Ⓑはチョコレートの型になる。

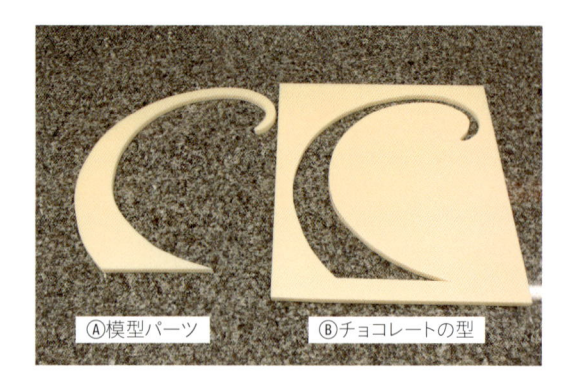

Ⓐ模型パーツ　　　Ⓑチョコレートの型

▶ 発泡プラスチックに対して、カッターの刃はかならず垂直に入れて切り取る。断面が垂直であれば、チョコレートが固まったあとで型をはずしやすくなる。

2 模型をつくる。模型用の各パーツ（左下写真）を両面テープで貼り合わせ（左下下）、組み立てる（右下）。模型があると、実際にチョコレートのパーツを組み立てるときに、これを見ながら接着位置を確認しつつ作業ができる。

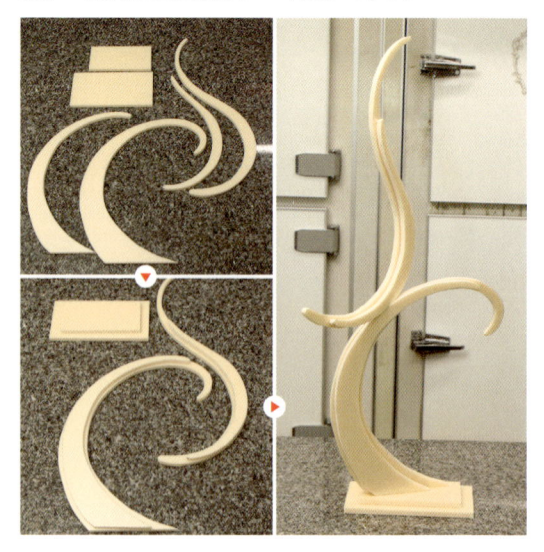

▶ 重量のバランスを考慮しつつ、すばやく作業を進めなければならないチョコレート細工。組上げの効率を高めるために、模型の存在は欠かせない。そのため、模型の組上げの段階でパーツごとのバランスはあいまいにせず、しっか

り考えてととのえておくことが重要。全体の形を見るための模型では簡易的に軸のパーツは2枚重ねにしているが、実際の作品ではチョコレートのパーツを3〜4枚重ねる。

3 チョコレートの型をつくる。模型パーツを抜き取ったあとの型の断面に両面テープを貼る。テープの外側のつるつるとした面は残す。発泡プラスチックの細かな粒子の凹凸をテープでおおうことで、チョコレートを型から取り出しやすくなる。

▶ 角はペンシルカッターの刃の背をあてるなどして、くっきりとエッジが立つように両面テープを貼り付ける。

パーツづくり

4色のチョコレートを使い分け、チョコレートそのものの色合いを生かしながら、土台と軸、メインの花、あしらいなどのパーツをつくる。

《 土台と軸 》

《 花 》

《 あしらい 》

石

つる

葉

軸の表面

[道具]

冷却スプレー：接着に使うチョコレートを瞬時に冷やすスプレー。接着面が小さく不安定な部分や、すぐに固めて理想の角度に仕上げたい部分などに用いる。

ターボライター：小さいながらも火の先は1400℃ものパワーをもつ彫金用ライターを使用。チョコレートの表面を溶かすときなどに使う。火の先がブレにくく、火も細く出るため、ピンポイントで溶かすことが可能。

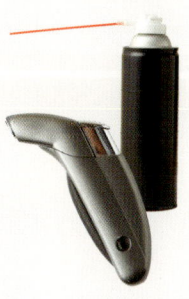

土台と軸

1 天板にアルコールスプレーを吹き付け、OPP シートをカードで空気を抜きながらぴったりと貼り付ける。この上につくった型を両面テープで接着し、絞り袋に入れたチョコレートを流す。土台と軸には、今回はダークチョコレートを使う。

▶ ピエスモンテの表にくるチョコレートはきれいな平らにするため、天板側がピエスモンテの表になるように型の向きに注意しつつ、天板に接着する。チョコレートが固まったあとで型を天板からはずすときに、固まったチョコレートにかかる負荷をできるだけ抑えるため、型と天板の接着点は最小限にする。

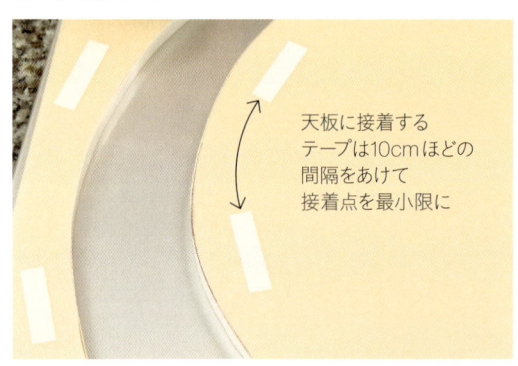

天板に接着する
テープは10cmほどの
間隔をあけて
接着点を最小限に

2 天板ごと作業台に打ちつけて気泡を抜き、表面（パーツの接着面）を平らにならす。10 〜 15℃（以下同）の温度帯で冷やし固める。冷蔵庫で固める場合、室温との温度差で結露が生じる可能性があるので、長くおかないこと。また、チョコレートの特性上、長く冷やし固めると型をはずしにくくなる。

3 チョコレートの表面が手にくっつかなくなり、マットな状態になったら、型をはずす。抜き取ったチョコレートの縁にわずかにはみ出しているチョコレートをペティナイフで削り落とす。

▶ この時点でチョコレートは軽く曲げるとややしなるやわらかさ。縁を削ったり、表面に削り模様をつけたりする場合はこの時点で加工すると作業がしやすい。

花びら

1 ダークチョコレートをOPPシートに直径1cmほどの円形に絞り、チョコレートが固まらないうちにペティナイフの背で円に一直線に筋をつけるようにしてしずく形にする。

2 チョコレートが固まらないうちにOPPシートごとトヨ型に入れ、花びらの先に向かってゆるくカーブをつけた状態にして固める。

3 ①～②の作業をミルク、ブロンズ、ホワイトの各チョコレートでも行い、計4色の花びらをつくる。花にしたときの立体感をイメージし、①でチョコレートを絞る量を調整して、写真のように花びらのサイズを段階的に変える。

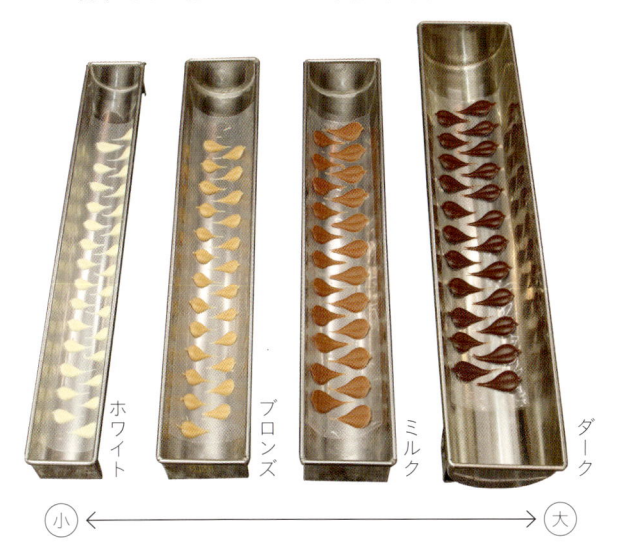

花の軸となる球体

1 直径6cmと同7.5cmの半球型で、ダークチョコレートとホワイトチョコレートの半球を2個ずつつくる。半球型いっぱいにチョコレートを絞り入れ、型ごと台に打ちつけて空気を抜く。型に接する部分が固まるまでしばらくおく。厚みは2mmほどをめざす。

2 型を返して固まっていないチョコレートを取り出す。半球の断面となる部分を下に向けて天板にのせたセルクルの上に置き、そのまましばらくおいて固める。この間、まだチョコレートがやわらかいうちに縁の余分なチョコレートをヘラで真っ直ぐに削り落とす。固まったら型から取り出す。

▶ あえて型の断面を下に向けた状態にして置くことで、縁のほうに厚みが出る。そのうえで縁の余分なチョコレートを削ると、縁にほどよく厚みが残る。この厚みが薄いと、半球どうしの接着が難しくなる。

この厚みが必要

3 工程④でホワイトとダークの半球を貼り合わせてツートンカラーの球体にするが、球体にしたときに転がらないように、「重り」としてチョコレート適量をダークの半球に絞り入れる。

4 ホワイトチョコレートとダークチョコレートの半球どうしを接着する。

▶ 天板に各半球の直径ほどの円を描くようにターボライターをあてて熱する。熱した円の部分に各半球の縁をあてて軽く溶かし、溶けた縁どうしを接着する。

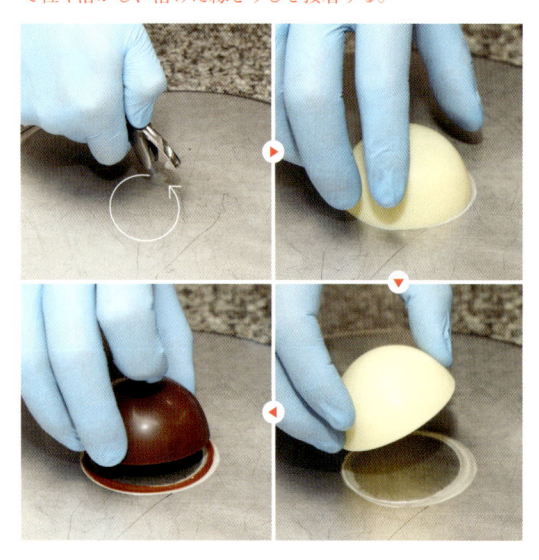

花の組立て

1 軸となる球体に上から順に1周ずつ花びらのパーツをチョコレートで接着する。

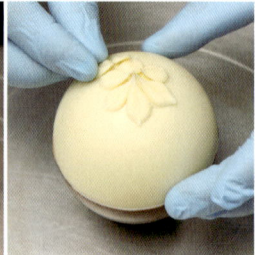

▶ 球体の色と接着用のチョコレートの色を同じにすると、完成後に接着面が多少見えても違和感がない。どの位置から見ても美しい花（立体）をめざす。

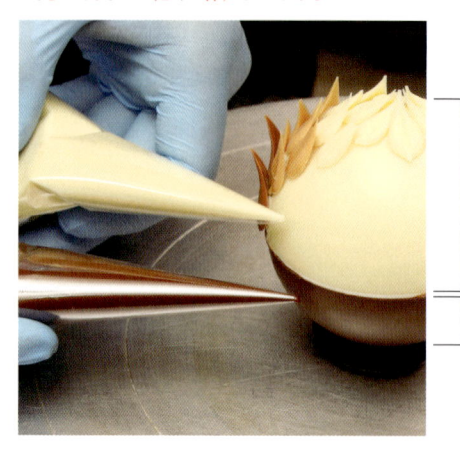

上半分はホワイトで接着　下半分はダークで接着

▶ 上から順に色を変えてグラデーションをつくる。ピエスモンテ全体の明度の設定を考え、今回は花のトップがもっとも明るくなるように、トップにはホワイトの花びらを配し、花の下に向かうにつれて花びらの色を変えてトーンを落としていく。

▶ 球の中心を意識しながら、だんだんと花びらが開くイメージで角度をつけて接着する。花びらの先端のアウトラインがきれいなカーブを描くように取り付けることが美しく見せるこつ。

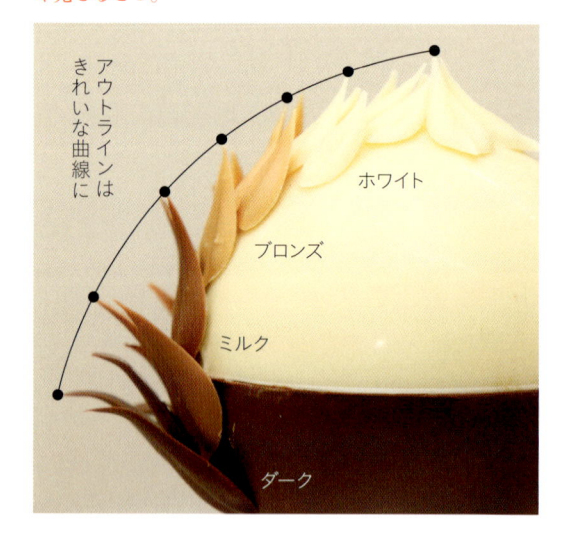

アウトラインはきれいな曲線に

ホワイト
ブロンズ
ミルク
ダーク

CHECK：固定

花びらを球体に接着したあとは、動かさないように注意しながら24時間以上（チョコレートが完全に結晶化する最低時間）おくとより接着が強固になる。

あしらい① 葉

1 ギターシートの上にミルク、ブロンド、ミルクの順にチョコレートを絞り、さらにギターシートをかぶせて麺棒で平らにのばし、マーブル模様にする。

ミルクは波型

ブロンドは一直線

2 固まりかけた状態でギターシートの上からしずく形の抜き型で跡をつけ、シートごとトヨ型に移してほどよくカーブをつけた状態にして固める。固まったら型の跡に沿ってチョコレートを抜く。サイズ違いで3種類用意する。

▶ ギターシートは伸縮性があり、密着性も高いため、上から型を押し付けてもシートを切ることなく、跡をつけることができる。シートを貼ったまま保管できるのも利点。

あしらい② つる

1 常温にもどしたダークチョコレートをフードプロセッサーで粉砕する。全体がやわらかな粘土状になり、ひとまとまりになるまで撹拌を続ける。

2 ①を少量とって丸め、作業台の上で手のひらで転がし、棒状にしながら片方の先をとがらせる。セルクルに巻き付けてカーブをつけ、そのまま固める。

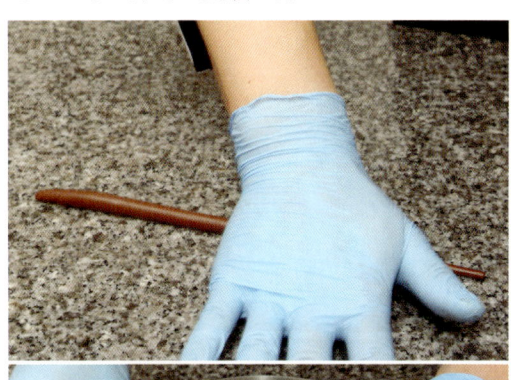

あしらい③ 石

1 ダーク、ミルク、ブロンド、ホワイトの4色のチョコレートを、それぞれフードプロセッサーで以下の写真のようなそぼろ状になるまで撹拌する。

2 ①の4色を合わせてフードプロセッサーに入れ、ひとまとまりになるまで撹拌する。撹拌しすぎると色がしっかりと混ざり合って1色になってしまうので注意。配合（各色の分量）を変えることで、異なるミックスカラーをつくることができる。

3 少量を手にとり、丸めて指で表面をなで、石のような形にする。固く絞った冷たいぬれ布巾で表面を磨き、ツヤを出す。

あしらい④ 軸の表面

1 ミルクチョコレートを入れたボウルにブロンドチョコレートをスプーンやゴムベラで波状にたらし、ゴムベラで軽く混ぜてマーブル状にする。

2 ギターシートの上に適量を流し、パレットナイフで均一に薄くのばす。ギターシートを下にして天板にのせる。

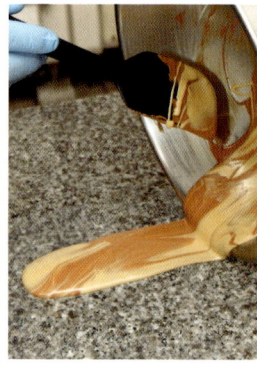

3 表面が乾いたら用意しておいたボール紙の型紙をあて、型に沿ってペティナイフで切り込みを入れてそのまま固める。固まったらギターシートをはがし、切り込みに沿ってチョコレートを抜く。

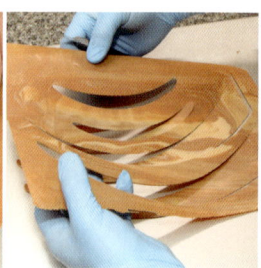

▶ ギターシート側がピエスモンテの表になるので、軸の表向きの形を反転させた型紙に沿って切る。

土台と軸の
加工・組上げ

軸は、ともにカーブをつけた下部と上部の2つのブロックで構成。下部は4枚のパーツを、上部は3枚のパーツを貼り合わせる。土台は長方形の平面パーツを重ねてつくり、そこに完成した軸をのせる。

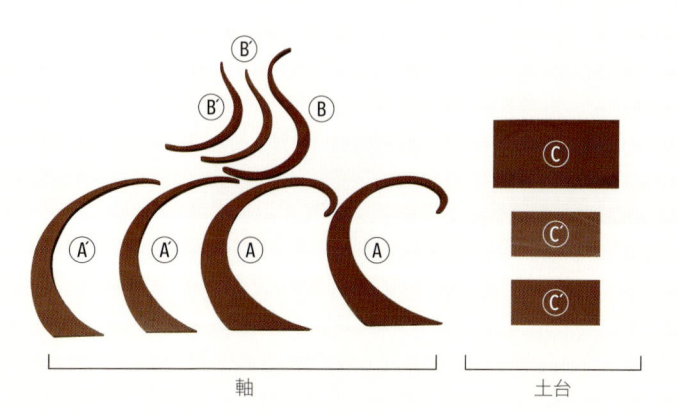

軸　　　　土台

1 軸の下部をつくる。Ⓐ2枚を接着する。ともにOPPシート側（つるつるした面）とは反対の面をペティナイフで軽く削り、さらにバーナーであぶって溶かす。片方にダークチョコレートを絞り、貼り合わせる。

▶ チョコレートの表面を削って凹凸をつくることで接着の表面積を増やし、さらに接着面をバーナーで溶かして密着させやすくすることで、より強固な接着が可能になる。

2 ①の両側にⒶを接着する。まず、Ⓐの曲線とはややずらしながらⒶの接着位置を決め、ペティナイフで軽く跡をつける。

3 ①と同様に接着面どうしを削ってあぶり、ダークチョコレートを絞って貼り合わせる。

4 接着面のわずかな隙間にダークチョコレートを絞って余分なチョコレートを布巾などでぬぐいながら表面をならす（隙間を埋める方法は以下同）。こうしてパーツどうしのつなぎ目を消すことで、自然な一体感を出す。

5 軸の上部をつくる。同様にして⑧の両側に⑧を貼り付け、接着面の隙間を埋めてならす。

6 土台をつくる。ⒸⒸの両面にⒸを貼り付け、接着面の隙間を埋めてならす。

▶ Ⓒよりサイズの小さいⒸを底に組み込むことで、土台に指をかませられるようになり、ピエスモンテの持ち運びがしやすくなる。

7 ①〜⑥で組み立てたパーツをそれぞれ蒸した布巾でふきながらエッジにほどよく丸みをつけ、表面をきれいにならす。

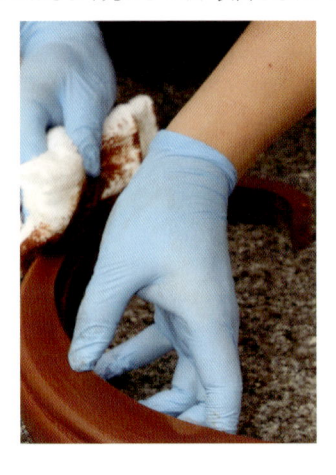

8 土台に軸の下部を接着し、接着面の隙間を埋めてならす。

9 軸の下部に軸の上部を接着する。まず、模型を見ながら位置を決め、接着部分にペティナイフで印をつける。

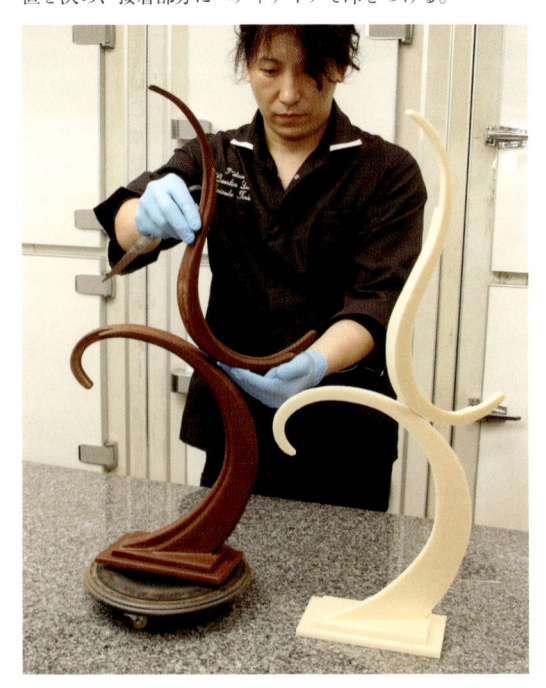

10 軸の下部の接着面を軽く削り、軸の上部の幅とほぼ同じ高さのセルクルを温めて押しあて、接着面を軽く溶かす。そこにチョコレートを絞って軸の上部を接着する。

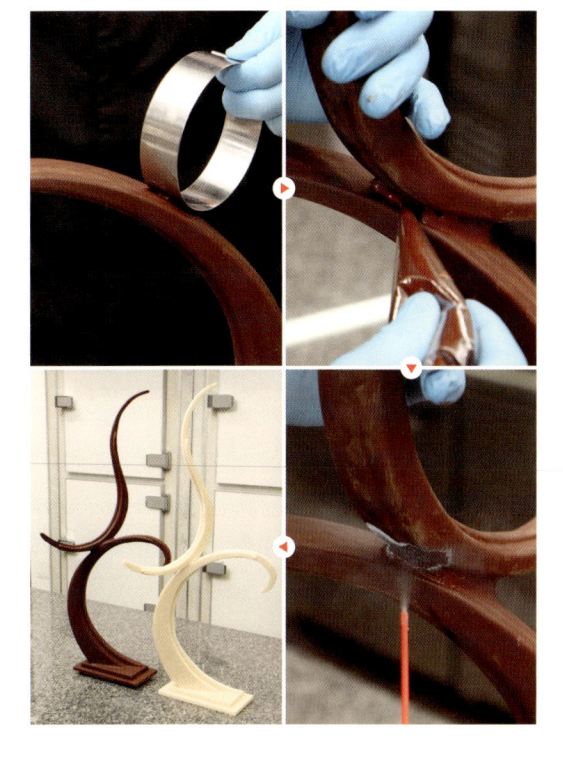

▶ 接着部分の面積が小さく不安定なので、冷却スプレーを使ってすばやく理想の角度で固定する。

CHECK：固定

ここまでの作業を終えたのち、できるだけ動かさないようにして24時間以上おくと、より接着面が強固になる。24時間以上経ってから「メインとあしらいの組立て」に進むと、より安定感のある状態で組み立て作業ができる。

メインとあしらいの組立て

軸の中央に花を接着して見る人の目線を引き付け、目線を意識した位置に配したあしらいで、華やかさと立体感を表現する。

《 メイン 》

花

土台と軸

《 あしらい 》

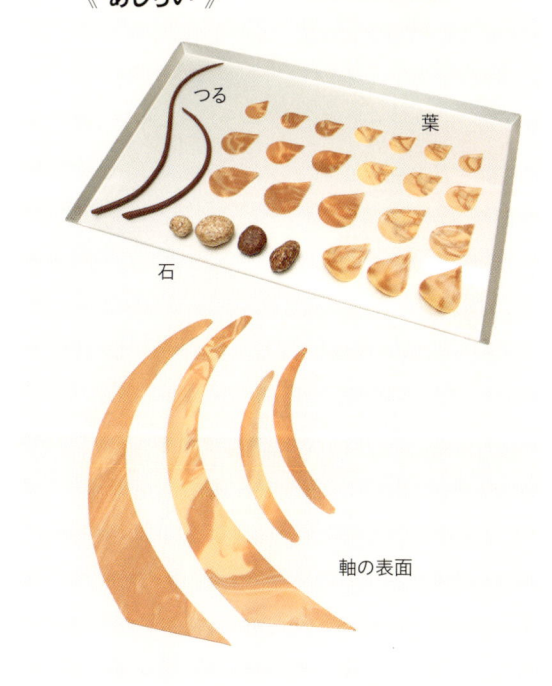

つる　葉

石

軸の表面

1 メインの花を軸に取り付ける。熱したスプーンの背を軸に押しあてて表面を溶かし、丸みをつける。こうすることで花の軸となる球体部分がうまくフィットする。

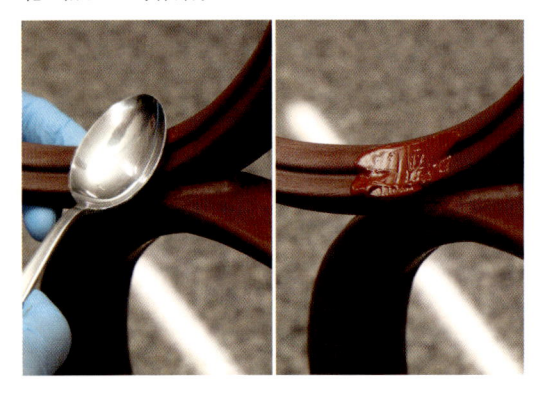

2 溶かして丸みをつけた部分にチョコレートを絞り、花を取り付ける。もう1つの花も同様にして取り付ける。

▶ 位置をある程度決めて花を置き、隙間があればチョコレートを絞って埋めてならす。理想の角度が決まったら冷却スプレーで固定する。

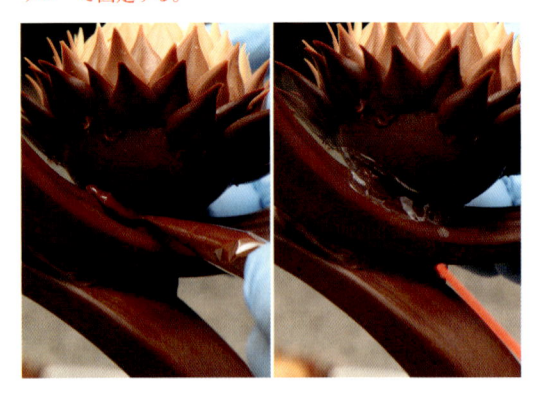

3 花を固定したら、そこを軸に全体のバランスを見ながらあしらいを取り付けていく。まずは軸の上部と下部それぞれに「軸の表面」を接着する。「軸の表面」にチョコレートを絞り、軸に取り付ける。

4 つるの先端がとがっていないほうにチョコレートをつけ、軸に接着する。つるの接着では、軸の縦のラインを強調させる効果を狙う。あくまであしらいなので、でしゃばりすぎないよう、軸に沿わせるイメージで固定する。縦のラインが強調されるとよりいっそうのびやかに見える。

▶ 見せ方の強弱は、「長いパーツ＞短いパーツ」のバランスで。軸の上下にそれぞれ2本のつる（長・短1セット）を取り付けるが、どちらも長いほうを強調させ、短いほうは長い線の補助というイメージで位置や角度を決める。

長い

短い

短い

長い

5 葉の根元にチョコレートをつけ、花の根元に接着する。④と同様、軸のラインに沿って葉が広がって見えるように取り付ける。

▶ 軸と葉のアウトラインができるだけ重ならないようにすると、より奥行感と立体感が高まる。

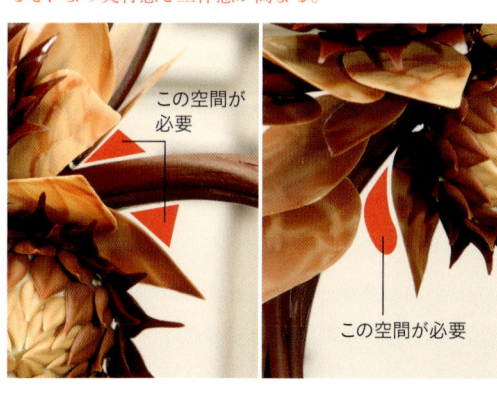

6 土台の上に石をチョコレートで接着する。

ラインから出すぎない

▶ ここでも④と同様に、軸のアウトラインから突出しないように気をつけて組み立てる。

ピエスモンテの考え方①
── 冨田大介

構図と流れ

ピエスモンテは作品全体の流れをきれいに"魅せる"ことが重要です。そこが単なる置物（オブジェ）との違い。個別につくった複数の細工を単に合わせるのではなく、流れのある構図を意識しながら細工を組み上げていくことでピエスモンテとしての魅力がぐっと高まります。

ベースとなる構図は、大きくわけて以下の3つのパターンがあります。

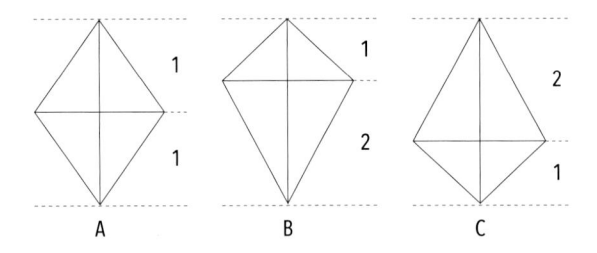

バランスがとれているのはAですが、じつはこれがピエスモンテとしてはもっとも見せ方が難しく、私自身、この構図を採用することは基本的にありません。BやCのように少しバランスがくずれているほうが流れを生み出しやすく、見る人の印象に残りやすいのです。Bは上に重心があり、軽やかな作品をつくるときに効果的です。一方、Cはどっしりとした力強い印象の作品に向く構図で、「下から獲物を狙っている生き物の姿」のように、下から上への縦の流れをつくるようなの作品テーマなどにはまります。

構図を考えるうえでは、以下のこともポイントになります。

1. あしらいの細工は、土台（軸）やメインの細工のアウトラインに沿って取り付ける。

2. あしらいの細工をやたらと取り付けて空間を埋めすぎない。

3. 流れを裁つようなモンタージュは厳禁。

1と2は土台（軸）やメインの細工の流れを生かすことにつながります。また、あしらいで空間を埋めすぎると"抜け感"も失われてしまいます。適度な抜け感は細工を引き立たせる効果もあるので、抜け感に対する意識も必要です。3はたとえば、土台（軸）でゆるやかなS字を描く縦の流れをつくったところに、真一文字の横軸をつくるようにパーツを取り付けるケース。せっかくのS字の流れが台なしになってしまいます。

中級編

モデラージュで表情を、
色の重なりで立体感をプラス

Intermediate

粘土状にしたチョコレートで
ウサギのリアルな骨格と、
生き生きとした動きや表情をつくり、
同系色を複数重ねて
グラデーションをつけた塗装で、
立体感や奥行感を高める。
葉脈を浮き立たせる金粉の施し方など、
ちょっとした工夫の積み重ねで、
作品全体のリアルでありつつファンシーな
雰囲気を一段と高いレベルで表現した。

既製品の型でも工夫次第で
表現を大きく広げられます

　初級編では発泡プラスチックで型をつくり、ダーク、ミルク、ホワイト、ブロンドの4種類のチョコレート本来の色を生かしたピエスモンテに仕上げました。中級編では同様の型で固めた平面のチョコレートを立体に組み立てていく方法は同じですが、既製品の型のフォルムをベースに粘土状のチョコレートで生きものをリアルにつくり込む技術を用いたり、塗装を施すなどして、作品の世界観をより強くアピールしていきます。

　フードプロセッサーで撹拌し、粘土状にしたチョコレートで形をつくる「モデラージュ」という技法は、基礎編や、初級編のあしらいのつるで紹介しましたが、今回はウサギの手足や耳、顔の表情づくりに応用します。足であれば大まかな形をつくったのちに、指先やマジパンスティックなどで成形して筋肉をかたどっていきます。これはリアル感を演出するためにも大切な作業ですが、しっかりと実物をイメージしながらバランスよく仕上げる感覚が求められます。そのためには、実物の姿形をしっかり頭に入れておくとスムーズです。デッサン人形で体の動きを把握するなどして、目で見える体の表面だけを表現するのではなく、骨格と筋肉のつながりを意識しながらつくるといいですよ。私自身は大学で人体デッサンや、体のサイズを測って作品をつくった経験が役立っています。今回は球体や卵の形に仕上がる既製の型など身近な道具を使って頭部や胴体をつくりましたが、これをベースに、特徴を摑んだ骨格や筋肉の動きをモデラージュで表現すれば、猫や馬、犬、人など、あらゆるデフォルメした動物を生み出すことができます。

　塗装で大切なことは大きく2つ。まず、チョコレートの質感を生かすこと。色素を吹き付けすぎず、もとのチョコレートの色を生かしたグラデーションを意識すればよいことなのですが、作業に集中するとつい塗装しすぎて食べものらしくない、いわば"プラスチック感"が出てしまうので、注意したいところです。もう1つは光のあたり方をイメージしながら明度と彩度の幅をもたせてグラデーションをつけること。この幅が広ければ広いほど奥行が出て立体感が増し、印象深い作品に仕上がります。

1.	構想・スケッチ	テーマを決め、デザインや色合いを考える。 アイデアを具体化させるため、スケッチをする。
2.	模型とチョコレートの 型づくり	発泡プラスチックを使って模型と型をつくる。
3.	パーツづくり （24時間以上おく）	型を使ったり、絞り方を工夫するなどしてチョコレートでパーツをつくる*。 葉のみ着色しながらつくる。
4.	土台と軸の加工・組上げ （24時間以上おく）	土台と軸のパーツを加工しながら組み上げる。
5.	塗装	チョコレート本来の色を生かしつつ、土台と軸、花を塗装する。
6.	メインとあしらいの 組立て・仕上げ塗装	おもなパーツを接着し、メインのウサギを塗装する。 あしらいのパーツを加えて仕上げる。

＊使用するチョコレートは、ダーク、ミルク、ブロンド、ホワイトの4種類。いずれも事前にテンパリングしておく。

SKETCH ｜ *スケッチ*

今回メインで見せたいパーツはウサギ。ホワイトチョコレートの色みを生かしてつくるウサギを引き立てるように、花や葉などをあしらう。光は正面から見て左上からあたっているということを念頭に、陰影を意識しながら、光の加減を表現するために配置するパーツの役割をイメージしておく。

模型と
チョコレートの
型づくり

軸の模型と型は初級編と同様にして発泡プラスチックでつくる。土台は、今回は発泡プラスチックで型をつくらず、園芸用の鉢皿を活用する。土台のつくり方は「パーツづくり①」を参照。また、あしらいとなる葉の型は、プラスチックの樹脂板と、シリコン型を使って制作する。

[道具]

葉のシリコン型：アメ細工用のシリコン型。2つのパーツを重ねて型どりする。細かい葉脈の模様がつき、リアルな表現が可能になる。
ヒートガン：最大約1800℃の熱風が出る。プラスチックの加工に使う。

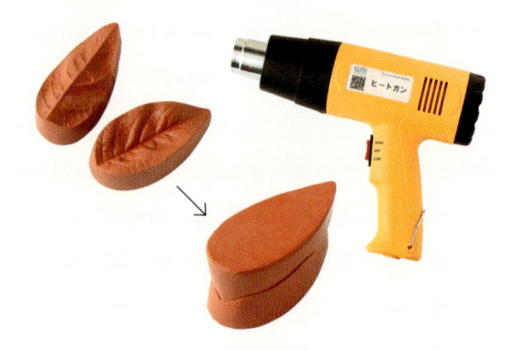

葉

1 プラスチックの樹脂板にシリコン型の形に合わせて油性ペンで葉を描き、ハサミで切り取る。プラスチックの樹脂版は、ここでは厚さ0.3mmの「サンデーPET（PG-1 透明）」（アクリサンデー）を使用。

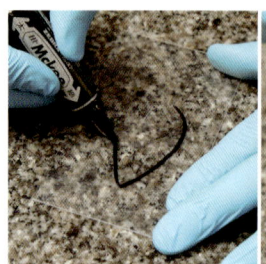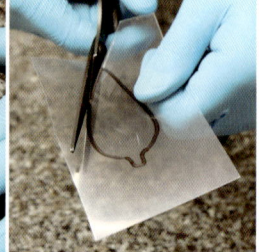

2 切り取った樹脂板の保護シールをはがし、シリコン型の片方にのせ、ヒートガンで温めてやわらかくする。

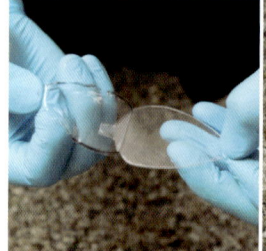

3 もう片方のシリコン型を重ねて上から強く押さえ、型をとる。さらにヒートガンで温めてやわらかくし、葉先を少し曲げたり、全体に軽くカーブをつけたりしてよりリアルな雰囲気に仕上げる。

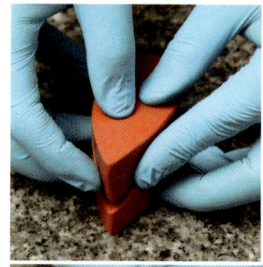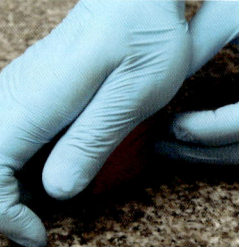

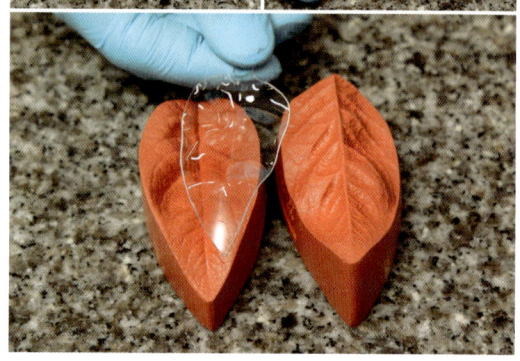

軸

1 初級編の軸と同様にして発泡プラスチックで模型とチョコレートの型をつくる。つくり方は88頁を参照。

パーツづくり①
[土台と軸をつくる]

土台は園芸用の鉢皿を活用。テンパリングしたチョコレートを流すだけではなく、固形のチョコレートを並べるのがポイント。軸は初級編と同様に、発泡プラスチックで制作した型にチョコレートを流して固めてつくる。

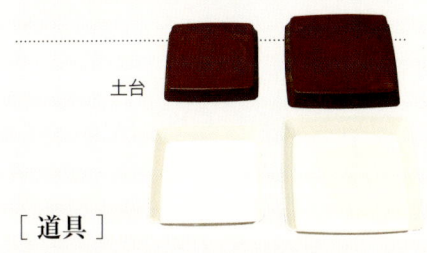

土台

[道具]

園芸用の鉢皿：プラスチック素材を用いるとツヤが出る。型の側面が垂直ではなくほどよく角度がついたものを選ぶと、チョコレートを固めたあとではずしやすい。今回はサイズ違いの2つの鉢皿でつくり、重ねて高さを出す。

土台

1 鉢皿の半分程度の高さまでテンパリングしたダークチョコレートを流し、固形のダークチョコレートを等間隔で並べ、軽く押して沈める。

▶ テンパリングしたチョコレートをある程度の大きさのあるブロック状に固める場合、チョコレートは外側から固まっていく（硬化）が、中心までしっかりと固まるには時間がかかるため、ブルームが起きやすい。そこで、固まった状態のチョコレートを中心に入れると、固まる時間を短縮でき、ブルームが起きづらくなる。ただし、チョコレートは固まると内側に向って縮む性質をもつため、中に入れる固形のチョコレートはかならず間隔をあけて並べる。

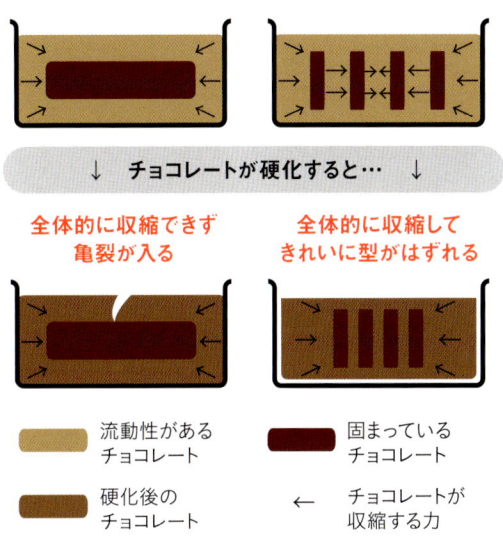

↓ **チョコレートが硬化すると…** ↓

全体的に収縮できず亀裂が入る　　**全体的に収縮してきれいに型がはずれる**

	流動性があるチョコレート		固まっているチョコレート
	硬化後のチョコレート	←	チョコレートが収縮する力

2 さらに上からダークチョコレートを絞り入れ、型ごと軽く作業台に打ちつけて表面をならし、10〜15℃の温度帯（以下同）で固める。固まったら型から取り出す。

軸

1 初級編の軸と同様にして、発泡プラスチックの型を使って軸のパーツをつくる。つくり方は90頁を参照。

パーツづくり②
［ウサギとあしらいをつくる］

メインのウサギと、あしらいの花、つる、葉をつくる。今回の花はあとで塗装するため、軸となる球体も花びらもすべてホワイトチョコレートで制作。つるはダークチョコレートを用いてつくる。また、葉は着色しながらつくる。

《 ウサギ 》

《 あしらい 》

花　　　葉　　　つる

［ 道具 ］

リキッド色素：色粉とカカオバターを混ぜ合わせたもの。今回使用する色粉はPCB製。リキッド色素は分離しやすいため、使うつどふって混ぜやすいように、小さな容器に少量を移し替えて使用するとよい。

エアブラシ：エアテックスの「エボリューション2in1」を使用。着色の幅がつけやすい0.4mmの口径と、ダブルアクション（ボタンの押し具合で空気の量を、レバーの引き具合で口径の空き具合を加減できる）が気に入っている。

葉

1 緑色のリキッド色素を「模型とチョコレートの型づくり」でつくった葉の型に少量たらし、シリコン製の刷毛で塗り広げる。厚みがないので、型の上で自然に冷えればテンパリングは完了する。

▶ 毛が太いシリコン製の刷毛を使うと葉脈模様の細かいラインをつけやすい。乾ききるまでに手ばやくラインをつけてることがこつ。乾いたあとにさらに刷毛でなでると、ラインがつぶれて仕上がりが汚くなってしまう。

▶ 色の濃淡は均一にしすぎないほうが、よりリアルな仕上がりになる。

2 乾いたら、毛の細い刷毛（ペンキブラシ）で金色の色粉（シェフラバー）を葉脈に入れるように、全体に置くようにしてつける。

▶ 着色した葉を裏側から見る。金色の色粉をつけると、葉脈の部分が光り、きれいに浮き立つ。

BEFORE　　　AFTER

3 白色のリキッド色素をエアブラシで吹き付ける。

▶ 最後に白色を吹き付けることで前に重ねた色がより鮮やかに出る。また、あえて白色を均一に吹き付けず、濃淡をつけることで、チョコレートを重ねたあとで表から見ると、色素の緑色とダークチョコレートの茶色の見え方に変化がつき、葉全体に陰影をつくり出すことができる。

白を薄く＝
チョコレートの
色がほどよく出る

白を濃く＝
緑の色が
強く出る

4 テンパリングしたダークチョコレートをシリコン製の刷毛で塗り、チョコレートがやわらかいうちに縁を指でぬぐって固める。

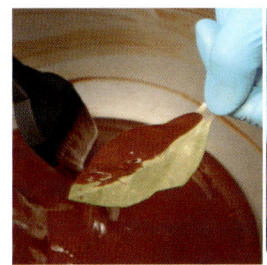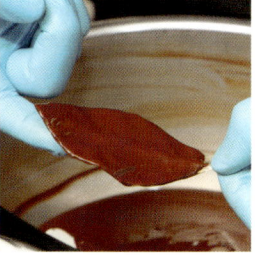

▶ チョコレートが乾かないうちに軸を下にして裏から指先で軽く型を弾き、チョコレートを葉先から根元に向かって落として葉の厚みになだらかな変化をつける。接着部分となる根元を厚くすることで、接着がしやすくなる。

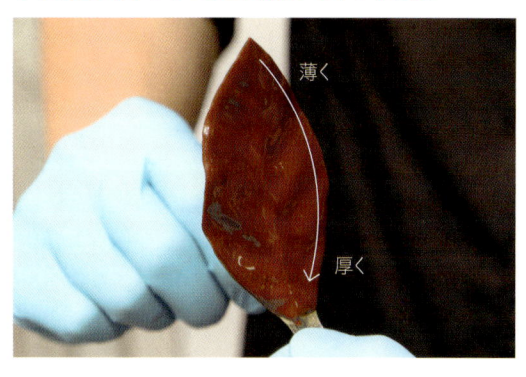

薄く

厚く

5 下の写真は、チョコレートを塗って固めたもの（型をはずす前）を表から見た状態。冷却スプレーを型の面に吹き付けて冷やし、割れないように気をつけながら型をはずす。

花、つる

1 初級編の花とつると同様にしてつくる。つくり方は91頁、93頁を参照。ただし、花は軸も花びらもすべてホワイトチョコレートでつくり、つるはダークチョコレートを使用する。

ウサギ

1 目をつくる。半球型にツヤ出しのためのカカオバターをエアブラシで吹き付ける。黒目の部分となるダークチョコレートを少量絞り、冷やし固めたあと、さらに上から白目の部分となるホワイトチョコレートを絞り入れ、型を作業台に打ちつけて表面をならし、固める。

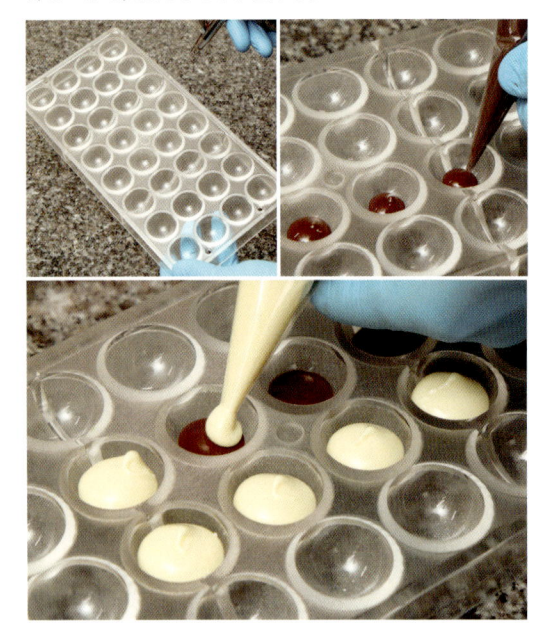

▶ きれいなツヤを出すには、最初に吹き付けるカカオバターは24℃、半球型は約18℃に調整しておくのがこつ。これらの温度が高すぎたり、低すぎたりするとうまくカカオバターが固まらず、きれいに型から抜けなかったり、ツヤが出なかったりする。

2 頭を球体に、胴体を卵形につくる。それぞれ半球型、半卵型にホワイトチョコレートを流し、固める。これらを2個ずつ用意し、貼り合わせる。基本的なつくり方は、初級編の「花の軸となる球体」（91頁）と同様。

頭

胴体

▶ 今回は完成した球体を削るため、球体の厚みは約5mmにしておく。

5mm

3 ウサギの顔の骨格をつくる。まず、頭のこめかみにあたる部分をペティナイフで軽く削り、丸みをとって平らにする。次に目の周辺にあたる部分を温めたスプーンの背をあてて溶かし、へこませる。ペティナイフで目をはめる部分をくり抜く。フードプロセッサーで粘土状にしたホワイトチョコレートを口のまわりに少量貼り付け、指で境目をぬぐいながらならして膨らみをもたせる。

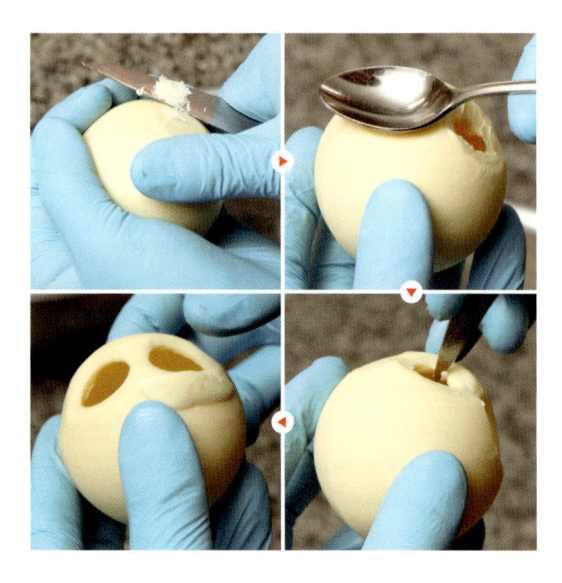

▶ Ⓐ／削ってこめかみに。　Ⓑ／目の位置は直径の真上にするとかわいらしさが出る。　Ⓒ／口のまわりの膨らみでよりウサギらしい骨格に。

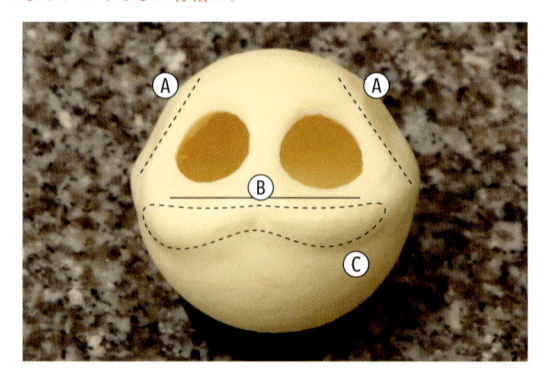

▶ くり抜いた目の縁などは、温めたスプーンの背をあててきれいにならす。

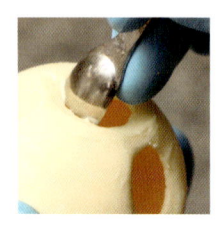

4 ウサギの首元に穴をあける。温めた口金の先などで溶かし、丸くあける。

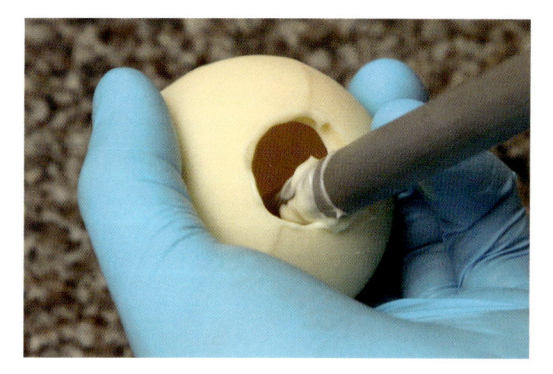

5 ベースの目と目の間（鼻のつけ根）が細いので、それに合わせて①の目の内側をペティナイフでわずかに切り取る。

目と目の間

真っ直ぐカット

6 目を接着する。目の上下にホワイトチョコレートを少量ずつ絞り、首元の穴から目を入れて貼り付ける。

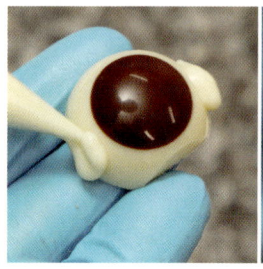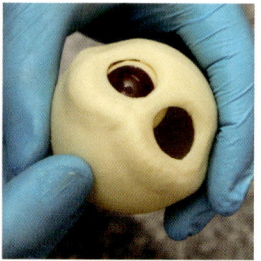

7 頭の内側から目の周囲を囲むようにホワイトチョコレートを絞って接着を強固にする。写真は接着後の内部の様子。

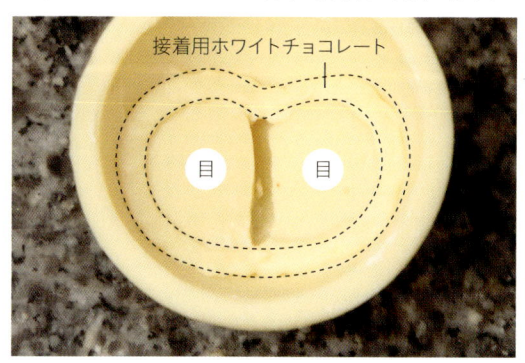

接着用ホワイトチョコレート

目　目

8 フードプロセッサーで粘土状にしたホワイトチョコレートで鼻をつくり、ホワイトチョコレートで接着する。チョコレートを粘土状にする方法は、基礎編の「モデラージュ」（82頁）、初級編の「パーツづくり／あしらい① つる」（93頁）を参照（以下同）。

9 温めたアイスピックで頭部に2ヵ所穴をあけ、粘土状のホワイトチョコレートでつくった耳をホワイトチョコレートで接着する。

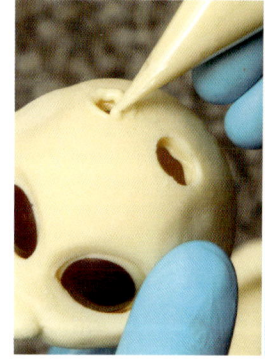

10 首元の穴の周囲にホワイトチョコレートを絞り、胴体を接着する。このとき、胴体の軸を頭部に対して少しずらすと、体に動きを出すことができる。

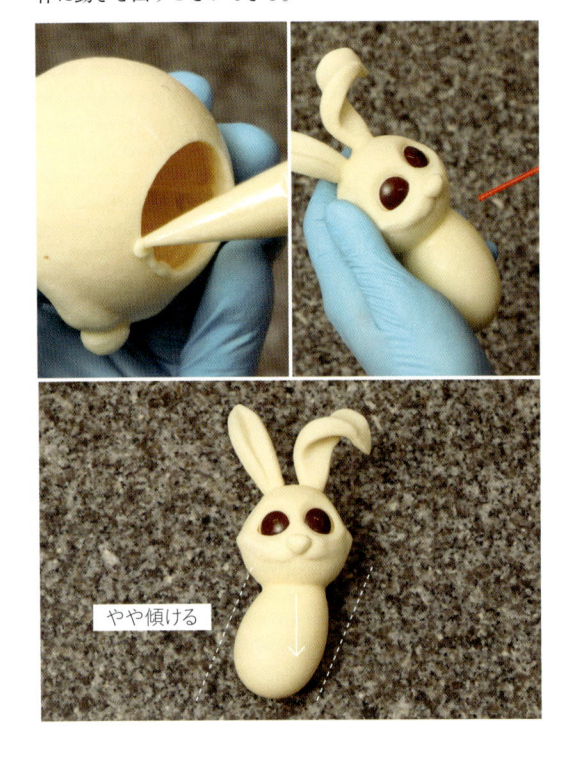

やや傾ける

11 手足をつくる。足は、粘土状のホワイトチョコレートを棒状にし、固まる前に関節となる部分にペティナイフで軽く切り込みを入れて曲げ、ふくらはぎの筋肉を指先で立体的に形づくる。同様に腕、手のひら、足の甲と指をつくる。足の甲と指はつなげておき、腕と手のひら、足と足の甲は組み上げるのときに接着するのでそのままにしておく。

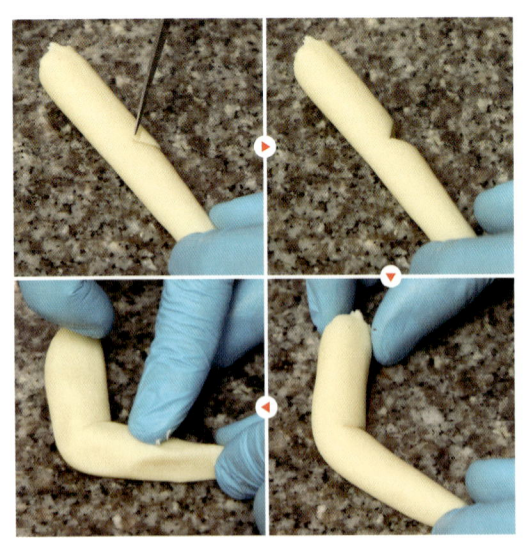

▶ モデリングで重要なのは、目に見えている表面だけをつくらないこと。動物であれば、骨の上にすぐ皮がのっている部分や筋肉が厚くかぶっている部分など、実物の特徴をしっかりとイメージしながらバランスをとっていくことが大切になる。

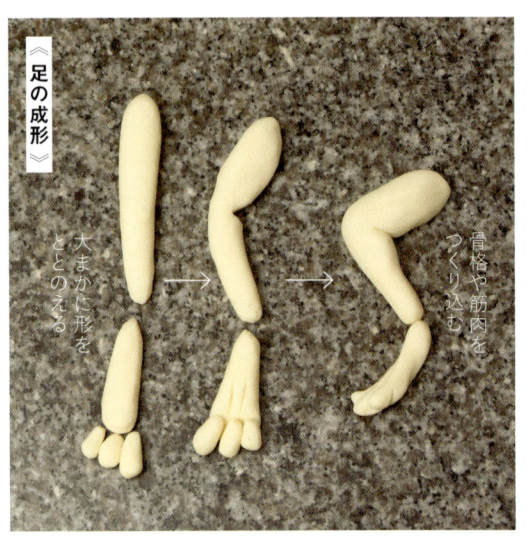

《足の成形》　大まかに形をととのえる　→　→　骨格や筋肉をつくり込む

CHECK：固定

各パーツを接着したあとは、動かさないように注意しながら24時間以上おくとより接着が強固になる。

土台と軸の加工・組上げ

初級編と同様にして軸の上部のパーツと下部のパーツをそれぞれ組み上げる。異なる2つの鉢皿でつくった土台のパーツは、広い面どうしを合わせて接着。さらに軸と土台を組み上げる。

1 初級編と同様にして、軸の上部のパーツ、軸の下部のパーツ、今回は鉢皿でつくった土台のパーツをそれぞれ組み上げる。

2 土台に軸の下部のパーツを接着し、その上に軸の上部のパーツを取り付ける。

塗装

光のあたり方を意識しながら陰影が生まれるように、土台と軸、花を塗装する。

［道具］

回転台：天板の上でピエスモンテをつくるのが一般的だったころに、天板よりも省スペースで作業がしやすく、作品ごと運びやすいものを、と考えて自作した作業用回転台。表面には滑り止めのためのマットを貼り、底には5ヵ所車輪を取り付けた。中央にも車輪を取り付けることが重要で、作品をのせて作業している途中に端の車輪が1つはずれたとしても、中央の車輪が回転台全体が傾くのを食い止めてくれる。

表　　　　　　裏

土台と軸

1　キャラメル色のリキッド色素をエアブラシで吹き付け、カカオバターが固まる前にシリコン製の刷毛でなでて、木目をイメージした線をつけていく。

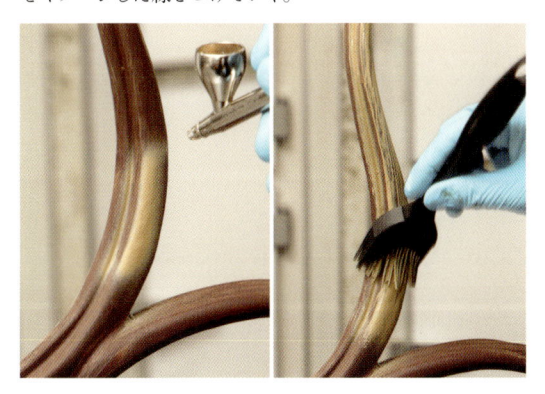

▶ 軸の曲線の流れに沿って線をつけていくと、より木目感が増す。

2　①の表面が乾いてマットな感じになったら、オレンジ色→赤茶色→濃い茶色の順にリキッド色素をエアブラシで吹き付け、色を重ねていく。なお、赤茶色は赤色と緑色のリキッド色素を混ぜ合わせて理想の色合いに近づけたもの。

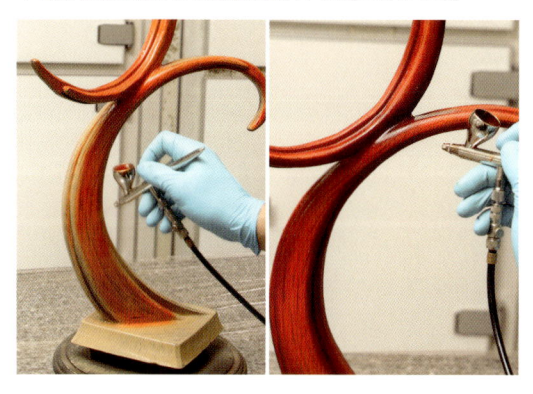

▶ やりがちなのが、リキッド色素を吹き付けすぎて液がたれてしまうこと。気をつけたい。

NG!

▶ 赤茶色はチョコレートを貼り合わせた部分の溝に沿って吹き付けると立体感が増す。内側の影となる部分はやや強めに噴射して色を濃くする。

溝に沿って吹き付ける

《赤茶色の塗装》

▶ 陰影のコントラストをより強めるため、さらに陰を強くしたい部分にだけ、赤茶色の上から濃い茶色を吹き付ける。

《 濃い茶色の塗装 》

もうワントーン暗くしたいところにだけ噴射

CHECK：色調

光のあたっている向きを意識して陰影をつける

写真は土台の塗装の完成形。左上から光があたっていることをイメージし、色調が同じで明度を段階的に下げた複数の色で陰影をつけた。そのなかでもっとも明るい色を広範囲に吹き付け、暗くなるにしたがって吹き付ける範囲を狭めると、陰影（立体感）をつけやすい。

光 →

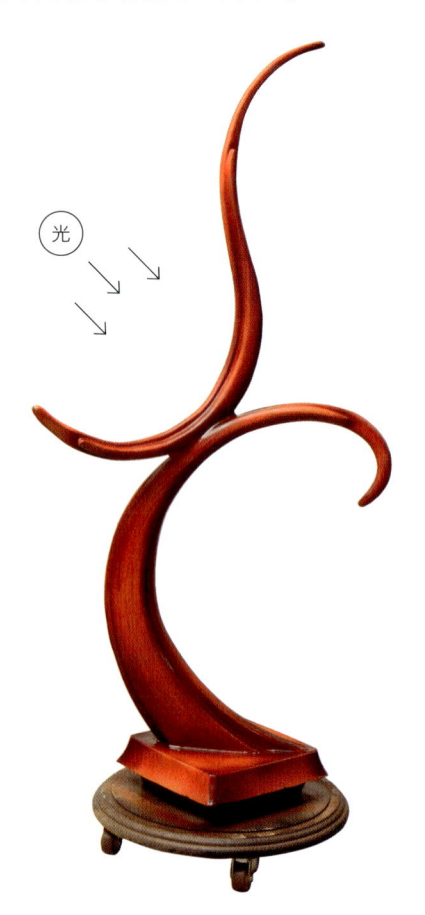

花

1 黄色、オレンジ色、赤色のリキッド色素を順に吹き付け、最後に蒸留酒「スピリタス96°」（ポルモス ワルシャワ）15gに対して金色の色粉1gを溶いたものを吹き付ける。

▶ エアブラシは、ペン先の方向を固定しつつ上下させ、回転台をまわしながら色づけする。
▶ ホワイトチョコレートそのもののきれいな白の色みを残しつつ、色のグラデーションをつけて立体感を高める。
▶ 金色の色粉の吹き付けすぎは厳禁。全体にふんわりと輝きをまとわせる程度にし、ほんのりとツヤっぽさを出す効果を狙う。なお、ラメ感のある色粉を使うときは、カカオバターで溶くと発色が悪くなる。アルコール度数が高く、揮発しやすい蒸留酒で溶いて吹き付けると美しく仕上がる。

チョコレートの白色

黄
橙
赤

メインと
あしらいの組立て・
仕上げ塗装

ウサギを軸に接着し、塗装する。あしら
いのパーツを組み立てて仕上げる。

1 頭と胴体を接着したウサギを、軸に取り付ける。だいたい
　の位置を決めたら、ウサギを取り付けたい軸の部分にペティ
　ナイフで目印の切り込みを軽く入れ、印した部分を温めた
　スプーンの背で溶かす。さらに彫金用ライターであぶり、
　表面のカカオバターの層を十分に溶かして軸の段差をフ
　ラットにし、ダークチョコレートを絞る。ウサギの軸と接
　する部分（後頭部と背中）にも印を入れ、彫金用ライターで
　軽くあぶる。必要に応じてダークチョコレートを接着部分
　に追加で絞ってウサギを接着し、冷却スプレーで固定する。

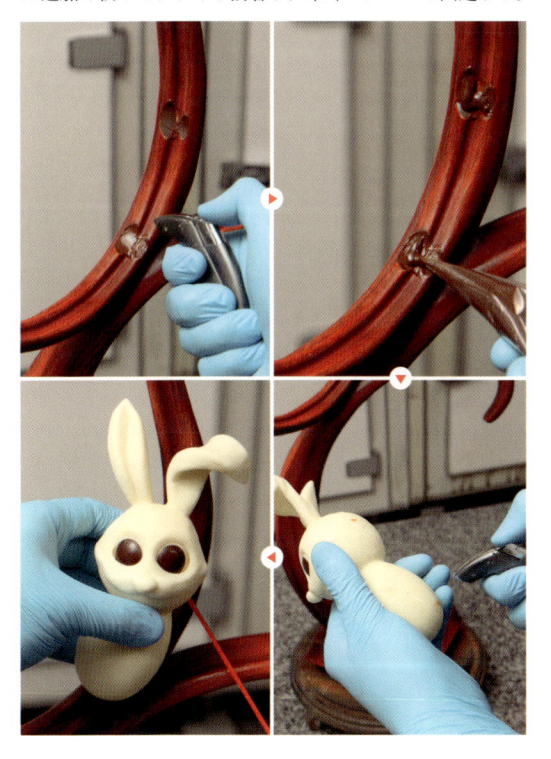

▶ 軸側の接着部分はカカオバターで塗装した層をかならず
溶かすこと。カカオバターが残っていると、接着したパー
ツがカカオバターの層ごとはがれ落ちる可能性がある。

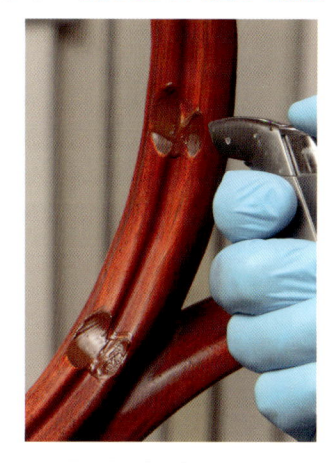

2 ウサギの腕と足、手のひらと足の甲を順に胴体に接着し、
　冷却スプレーで固定する。それぞれ接着部分どうしを温め
　たスプーンの背で軽く溶かし、ホワイトチョコレートで接
　着する方法をとる。

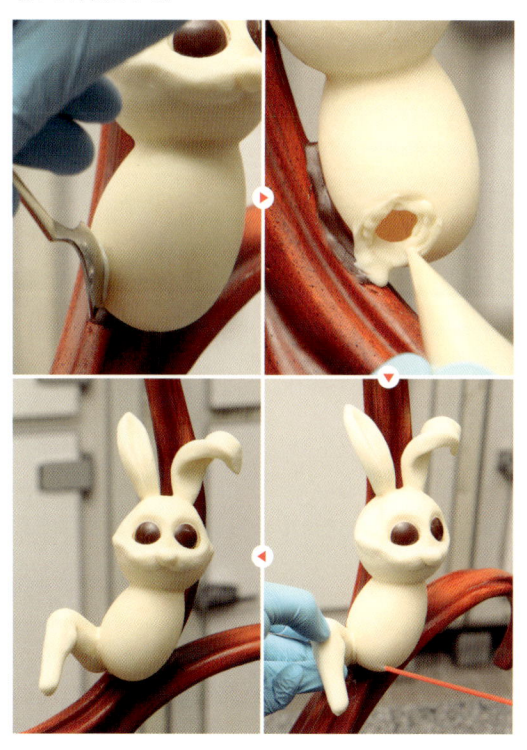

▶ 立体動物を組み立てるときに重視したいのが、シルエットの見せ方。正面から作品を見たときに、動きのあるアウトラインがくっきりと見えるように配置すると、作品の躍動感をより高めることができる。

3 ウサギに着色するため、目とウサギの周辺の軸にラップフィルムを張って保護する。

4 関節や鼻のまわりに、黄色、オレンジ色の順にリキッド色素を吹き付け、頬と耳にピンク色のリキッド色素を吹き付ける。

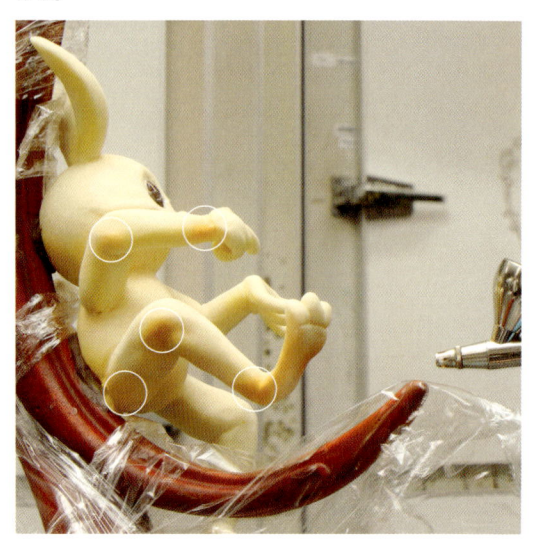

▶ 今回は全体的にホワイトチョコレートの色みを生かすことを意識しながら、関節を中心に陰影をつけて奥行を出すための塗装を施す。正面から見て左上から光があたっていることをイメージし、とくに右下部分を中心に塗装によって陰影をつけること。「チョコレートのピエスモンテ」であることが大前提なので、どのような作品であっても、基本的にチョコレートの質感は残しつつ塗装することが大切になる。

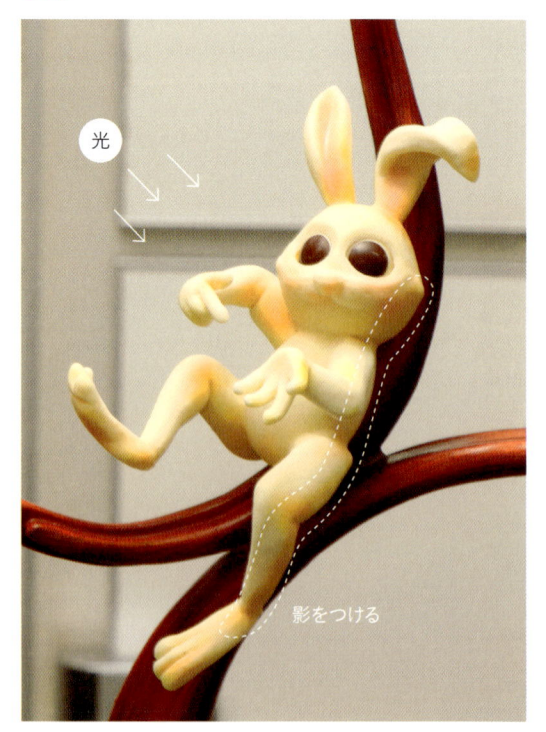

5 ①と同様に接着部分どうしを溶かして、あしらいの花、つる、葉を上から下へ順にダークチョコレートで接着し、冷却スプレーで固める。つるは先端に白色のリキッド色素を吹き付け、ラインをより強調させる。

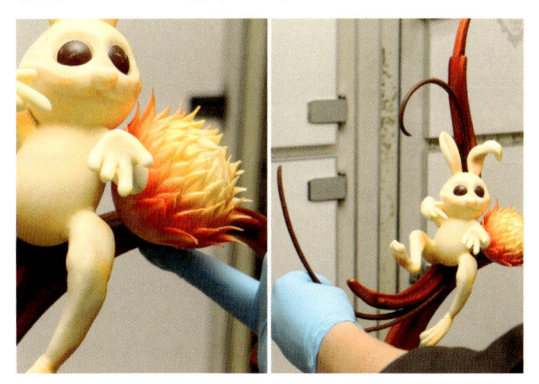

▶ つるは、軸のラインがより引き立つ向きで接着する。

▶ 手前、中央、奥とそれぞれの空間のつながりをイメージしながら各パーツを組み立てる。葉の位置や向きによっても空間に広がりや奥行を生み出すことができる。

▶ 作品を正面から見たときの葉の見え方にも注意。配置の仕方次第で、葉の薄さや軽やかさもアピールできる。葉がすべて正面を向いているとフラットな印象になってしまう。

▶ 白色のリキッド色素の増減で調整した、葉の明るさの違いも考慮に入れて配置する。作品上部の光があたるイメージのところに明るめの葉を、下部の影になるとこに暗めの葉を接着することで、作品全体の陰影に統一感とリアルな雰囲気をより強くまとわせることができる。

ピエスモンテの考え方②
── 冨田大介

土台（軸）とメインの細工のバランス

　土台（軸）とメインの細工のバランスは、見た目の印象に大きな影響を与えます。ここでいうバランスは、見た目のボリューム感の対比であり、質量の対比ではありません。以下の4つのパターンを比べてみましょう。

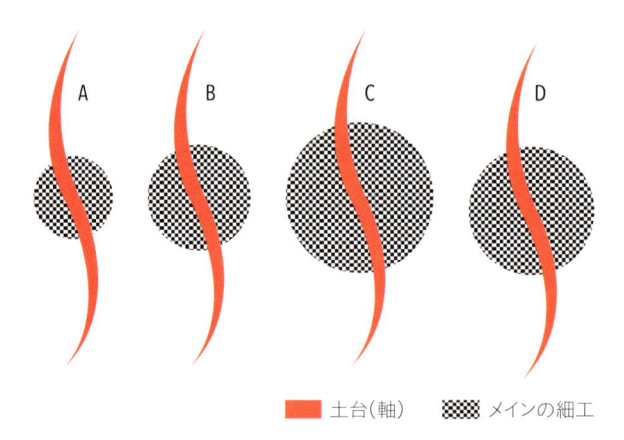

■ 土台（軸）　　▨ メインの細工

　Aはメインの細工が小さいケースで、土台（軸）による流れは引き立ちますが、当然ながらメインの存在感が小さくなってしまいます。Bは土台（軸）とメインの比率が1対1のイメージ。これは、バランスはよいのですが、裏を返せばひっかかりがなく、いちばん印象に残りにくいパターンです。Cはメインのボリュームが大きいケース。これだとメインしか印象に残りません。

　私が推奨するのは、土台とメインが1対1.2のDのバランス。メインのほうが土台よりも気持ちボリュームがあるイメージです。これが私の考える、メインの存在感をしっかりと出しつつきれいな流れを見せるための黄金比です。1対1よりもわずかにバランスをくずすだけですが、作品の見え方には歴然とした違いが出ます。あとは、自分の表現したい内容、強調したい部分によって、こうした比率を参考にバランスを変化させていけば、より個性的でアピール力の高い作品に仕上がるでしょう。

明度と彩度

　ピエスモンテにおいて色づかいで大切なのは、赤、緑、青などさまざまな色を盛り込むことではありません。個々の細工や細工全体で、明度と彩度の幅を広くもつことが重要です。明度とは色の明るさの度合い、彩度とは色の鮮やかさの度合いのことをいいます。光のあたり方を意識して塗装で明暗を表現したり、緑に塗装する場合も白っぽさを感じる明るい緑と深みのあるマットな緑を織り交ぜて変化をつけたり……色の強弱をしっかりと表現することで作品に奥行が出るのです。

上級編

メインは自作のシリコン型で制作。
塗装と配置の工夫で奥行感と迫力を出す

Advance

メインの指揮者の男性は、
自作のシリコン型で作成し、
より印象深い立体に仕上げる。
中級編よりも塗装のグラデーションの幅を
ぐっと広げて深みをもたせるとともに、
男性の像であれば服の素材感や立体感も
浮き立たせる。軸とメインの配置を
あえてバランスがくずれるようにするのもポイント。
それによって主役はよりダイナミックで、
躍動感あふれる印象に。

構成は同じでも、技巧1つで臨場感のある作品に変身します

　初級編、中級編、上級編の3体は、じつは軸の形やあしらいの形はあえて同じにしています。上級編の作品だけを見ると、ピエスモンテにすごく難しいイメージをもつと思います。しかしベースの考え方は、誰でもつくれそうな初級編のそれとまったく同じなんです。アプローチやテクニックが違うだけ。ピエスモンテは決して難しくありません。基本を学んで応用力を身につければ、表現の幅はぐんと広がります。

　上級編のポイントは大きく3つ。1つは塗装の色の幅が中級編よりも広いこと。中級編では3色のグラデーションでメインのウサギの陰影や立体感を表現しましたが、今回は下地にハイライトを塗装してから色を重ね、さらに複数の色のグラデーションで陰影をつけることで深みをもたせ、服の素材感や立体感が浮き立つように仕立てました。

　2つ目は土台を含めた軸と、あしらいを含めたメインのバランス。これらは1対1.2のサイズ比が美しく見える理想の値、すなわち黄金比だと私は考えていますが、初級編と中級編はシンプルにテクニックを見せるために1対1のバランスにしました。今回もあえて黄金比をくずして1対1.6の比率にしましたが、その狙いは、よりダイナミックな躍動感を表現することにあります。ただし、この"くずし"の手法は、全体のパーツの配置や造作の表現に美しい流れをつくらないと、メインがドンと居座った、ただの置物のような雰囲気になってしまうので注意が必要です。

　過去2回と大きく異なるのは、自作のシリコン型を使うこと。テンパリングしたチョコレートを流すので丈夫なうえ、中は空洞で軽い。今回のように宙にたなびく燕尾服の裾で風の流れを表現することもできます。テクニックが必要なのはチョコレートを型に流す作業。中が見えない状態で型を動かし、部分ごとに微妙に薄さを変えながら全体にいき渡らせる必要があります。チョコレートの流動性は室温によっても変化するので、訓練必須のテクニックといえます。

1.	構想・スケッチ	テーマを決め、デザインや色合いを考える。アイデアを具体化させるため、スケッチをする。
2.	模型とチョコレートの型づくり	シリコンと石膏などを使ってメインの指揮者の男性の型をつくる。 軸は、発泡プラスチックで模型と型をつくる。
3.	パーツづくり （24時間以上おく）	型を使うなどして、軸や土台、メインの指揮者の男性のパーツ、あしらいのパーツをつくる*。
4.	土台と軸の塗装・組上げ （24時間以上おく）	土台と軸のパーツを塗装し、組み上げる。
5.	メインの組立て・塗装	メインの指揮者の男性を組み立てながら土台や軸に接着し、塗装する。
6.	メインの装飾・あしらいの 組立て・仕上げ塗装	あしらいのパーツを塗装して接着する。メインの指揮者の男性を装飾して仕上げる。

＊使用するチョコレートは、ダーク、ミルク、ブロンド、ホワイトの4種類。いずれも事前にテンパリングしておく。

THEME ｜ **初級編、中級編、上級編のテーマと仕上がりの比較**

《 初級編 》
▸ 発泡プラスチックでつくる
　型をベースに立体化
▸ チョコレートの色のみで明暗を表現

《 中級編 》
▸ 発泡プラスチックの型でつくる軸は
　そのままに、モデラージュでメインの
　ウサギに変化をつける
▸ 塗装を施し、華やかに

《 上級編 》
▸ メインを自作のシリコン型でつくり、
　よりダイナミックな造形に
▸ 塗装のグラデーションの幅を広げて
　奥行感を高める
▸ 軸とメインのバランスをあえてくずし、
　より迫力を出す

模型とチョコレートの型づくり

メインの指揮者の男性は、シリコンと石膏を使って型をつくる。大まかな工程は、最初に型のもととなる芯をつくり、そのまわりにシリコン、さらにそれを支える石膏を流して固めていくという流れ。ここでは右腕のパーツの型を例に紹介する。土台に取り付ける軸は、初級編や中級編と同様に発泡プラスチックを使ってチョコレートの型と模型を制作。

［ 材料・道具 ］

スタイロフォーム：軽く扱いやすい発泡プラスチック。成形して石粉粘土でコーティングし、型の芯とする。粘土の節約になるうえ、すべて粘土でつくるよりも乾くスピードがずっとはやい。今回は厚さ5cmのものを使用。

石粉粘土：やわらかく作業性が高いうえ、固まるとしっかりと強度が出る。美術工芸センターの「京ねんど」を使用。

油粘土：型どりに用いる。型の固定にも使う。

プラスチック段ボール：型どりの枠に使用。片面のみ切り込みを入れるときれいに曲がる。

固形離型剤：石粉粘土に塗り、石粉粘土からシリコンをはがしやすくする。エポックの「ボンリースワックス」を使用。

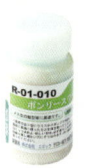

液状シリコンゴム：型となる素材。硬化剤がセットになった旭化成ワッカーシリコーンの「RTV-2 SLJ3266」を使用。ヨシムラの増粘剤「FLUID L051」をプラスすることで粘度を調整できる。

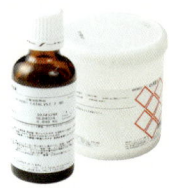

石膏：シリコンの型を支える土台に使う。石膏はシリコンに比べて安価で、硬化がはやいため、すべてシリコンで型をとるよりも効率がよい。ただし、石膏は水分が抜けきる「完全硬化」までに約2週間かかる。石膏と水を1対0.76の比率で混ぜ合わせて使用するが、細かい使用方法については商品の説明書にしたがうこと。

液状離型剤：シリコンどうしをはがれやすくする。エポックの「ケムリース」を使用。

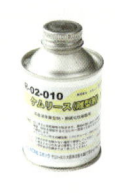

1 型の芯となる部分をスタイロフォームと石粉粘土でつくる。スタイロフォームをおおよその形に切り出し、イメージする形のラインを油性ペンで描く。写真は指揮者の右腕で、そのほかのパーツも同様に作成する（以下同）。

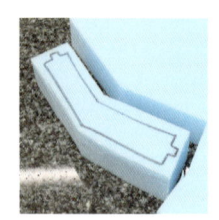

2 印した部分を目安にカッターで削りながら形をつくる。完成のサイズよりも、厚みを2mm減らして仕上げる。この2mmはあとで巻く石粉粘土の厚みのぶん。

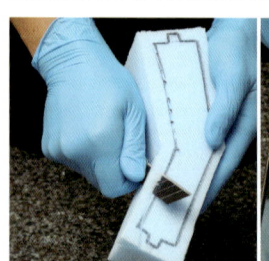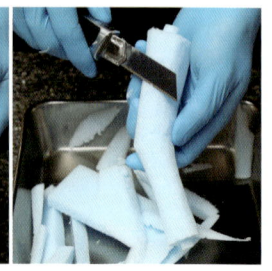

▶ 手首や胴体部分のパーツとしっかりと接合できるように、接合部分には小さな突起をつくっておく。

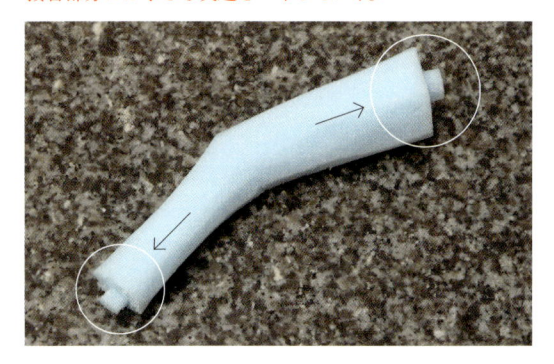

3 やわらかいスポンジ研磨材でこすって、表面をなめらかにする。

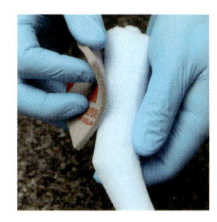

4 石粉粘土をOPPシートで挟んで麺棒で厚さ2mmにのばす。

▶ OPPシートがシワになって粘土に跡がつきやすいので、OPPシートをこまめにはずしたり、貼ったりしながらのばす。

5 ④の表面に水を薄く塗る。

6 ⑤の上に③をのせて余分な石粉粘土をペティナイフでカットし、包んで密着させる。さらに余分な石粉粘土をハサミで切り取る。

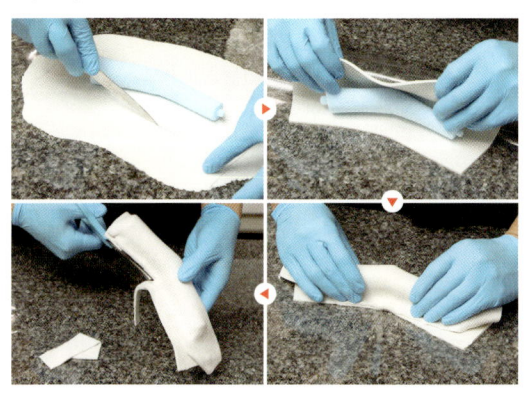

7 ハサミで切り取った石粉粘土のつなぎ目の部分を、水をつけながら指先でこすり、なめらかにする。室温で1晩乾燥させる（温かく乾燥した場所ではよりはやく固まる）。

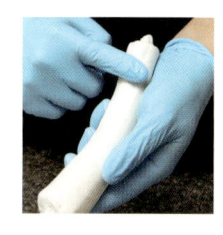

▶ 石粉粘土が完全に乾くと、粘土のつなぎ目部分に亀裂が入っていることもある。その場合は、亀裂の長さに合わせた石粉粘土をあて、指で押さえながらなじませて修復する。

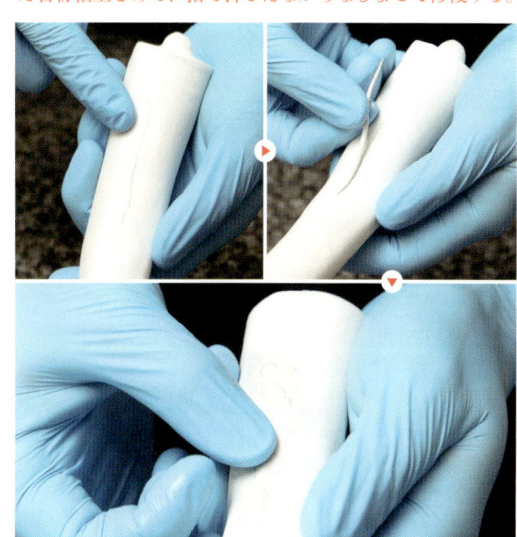

8 服の膨らみやシワをつくる。これで型の芯の部分は完成。

▶ 服の膨らみは⑦の亀裂の修復の仕方と同様に、石粉粘土を少量のせてならしつつ、少し突起を残して表現する。

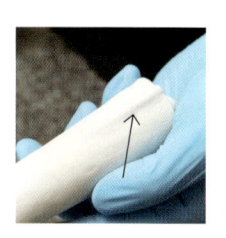

▶ シワのへこみはスポンジ研磨材のエッジ部分を使い、削って表現する。

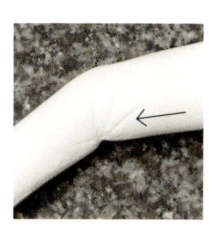

9 スタイロフォームと石粉粘土でつくった芯をもとにして、シリコンと石膏で型どりする。スタイロフォームと石粉粘土でつくった芯の全体に固形離型剤をすり込み、さらに布巾で磨いてツヤを出す。これを2〜3回くり返して薬剤をしっかりとしみ込ませる。

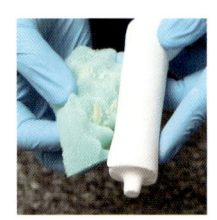

10 もっとも出っ張っている部分を油性ボールペンでなぞる。ここが型の分割ラインになるため、印をしてひと目でわかるようにしておく。

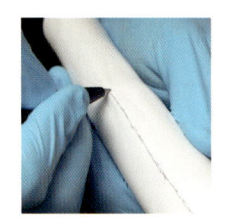

▶ 出っ張った部分を分割ラインにしないと、チョコレートを流し固めて取り出す際に型をはずしにくくなる。ただし、分割ラインはチョコレートが隙間に入り込んで筋ができやすいため、それを目立たせたくない部分の場合は臨機応変に。たとえば顔（頭部）は鼻ではなく、耳の脇などに分割ラインを引くと、筋が目立ちにくい。その場合、型抜きしやすいように、鼻は「かぎ鼻」のような形にせず、鼻先からすとんと垂直に落ちる形で型をつくり、型抜きしてから削って鼻の形をととのえる。

11 ⑩の下に丸めた油粘土を置き、⑩を固定する（転がり防止）。棒状にした油粘土で分割ラインに沿って周囲を囲み、密着させる。油粘土の表面を指で押さえて平らにならす。

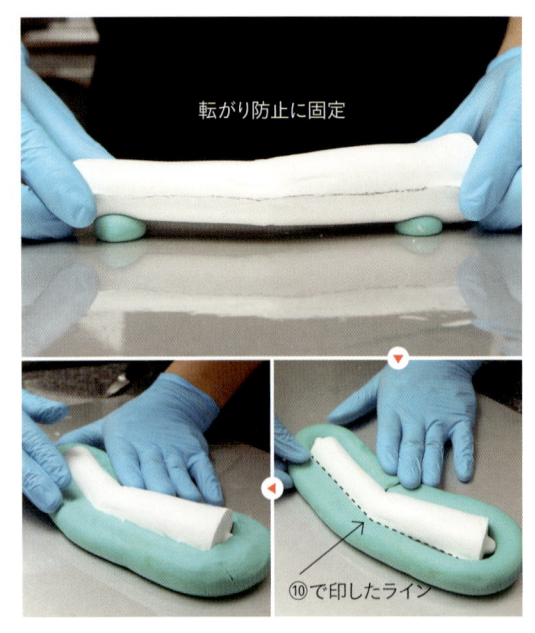

転がり防止に固定

⑩で印したライン

12 密着させた部分の余分な油粘土をペティナイフでそぎ取る。

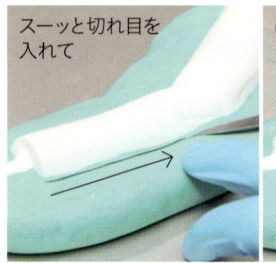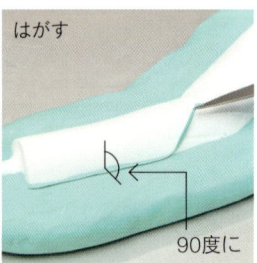

スーッと切れ目を入れて

はがす

90度に

13 型の芯から1cmを残して周囲の余分な油粘土を切り取り、油粘土の外周を計測する。胴体側との接合部（A）にチョコレートをそそぎ入れる穴をつくるため、Aの部分に油粘土を盛る。

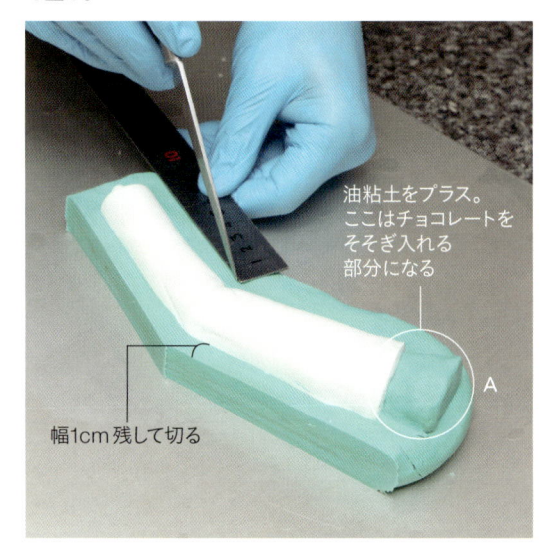

油粘土をプラス。ここはチョコレートをそそぎ入れる部分になる

幅1cm残して切る

A

14 計測した長さの型をプラスチック段ボールから切り取り、⑬を囲う。これが型どりの枠になる。

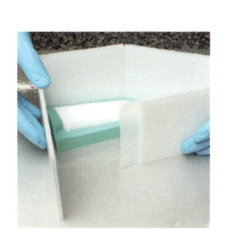

▶ プラスチック段ボールは片面だけ切り込みを入れるときれいに折り曲がる。これを利用して枠の角を適宜つくり、油粘土にぴたっと沿わせる。

片面だけカット

15 棒状にした油粘土でプラスチック段ボールの枠の周囲を囲み、密着させて枠を固定する。

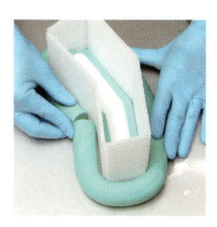

16 プラスチック段ボールの枠の内側の油粘土に、マジパンスティックでほぼ等間隔に穴をあける。型として仕上がったときに、型の上下のかみ合わせ部分になる。

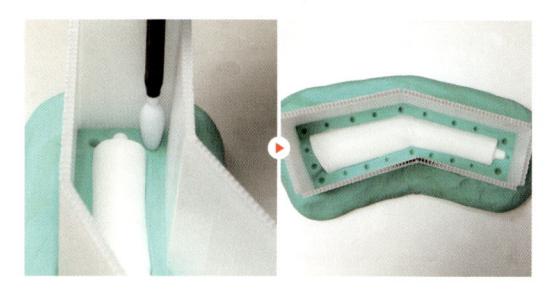

17 液状シリコンゴムの薬剤に硬化剤を混ぜ合わせ、枠の中に箸でたらして石粉粘土とその脇の油粘土の表面をおおう。完全に固まるまで6〜8時間ほどおく。

石粉粘土部分は
厚さ約0.5mmの膜をつくる

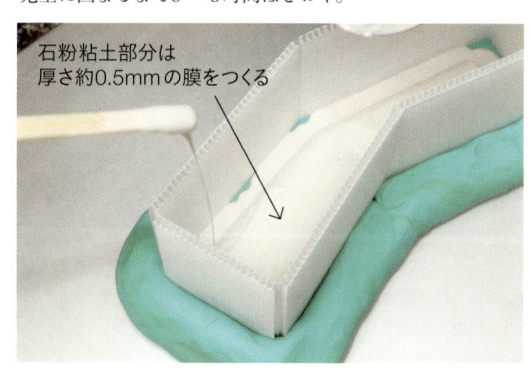

▶ 液状の薬剤を一気に流すと気泡が入りやすい。薬剤を細い線状にして少しずつたらしながら表面に広げていくことで、気泡が入るのを防ぐ。この時点で薬剤はややとろりとしつつも比較的サラサラとした状態。粘度が高いと気泡ができやすい。

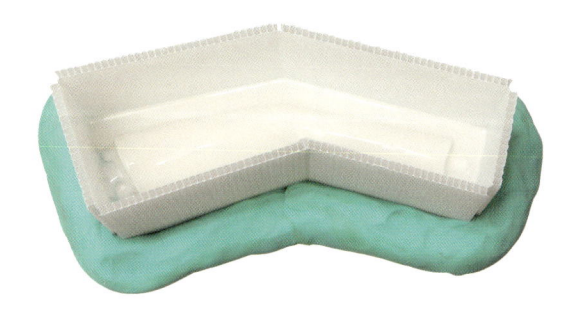

18 硬化剤を合わせた液状シリコンゴムの薬剤にさらに増粘剤を混ぜ合わせ、やや粘度を高める。これを硬化した⑰に流し入れる。この作業でシリコンの層を適度な厚さに調整する。室温に約8時間おき、固める。

▶ 薬剤の粘度をやや高めて石粉粘土の形に沿った状態で固める。シリコンの節約にもなり、シリコン部分の型を破れない程度の厚み（計5mm程度）に薄く仕上げることができる。すでに⑰で気泡のない膜でおおっているため、⑱では薬剤を一気に流し入れて多少気泡ができたとしても問題ない。

19 水と混ぜ合わせた石膏を流し入れ、室温に20分おいて固める。石膏の層の厚さは、型の芯のもっとも突起している部分で、シリコンの層の外側から計測して約1cmが目安。

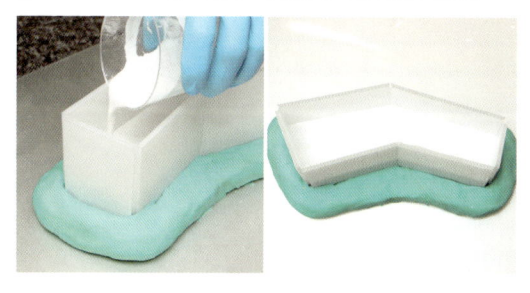

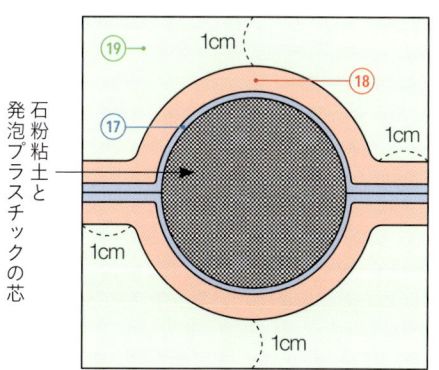

⑰の液状で流すシリコン（厚さ約0.5mm）
⑱の粘度を高めた状態で流すシリコン（厚さ約4.5mm）
⑲の石膏（もっとも突起している部分で厚さ約1cm）

20 固まったら周囲の油粘土とプラスチック段ボールの枠をはずし、石膏部分のみ取り出して、石膏の角をペティナイフで削る。

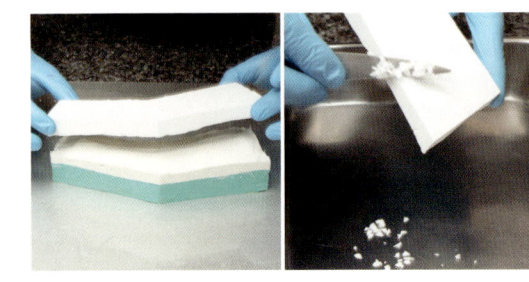

▶ 角を丸めると、のちの作業で扱いやすくなるうえ、出っ張った角が何かにあたって割れたりすることを防げる。

21 石膏部分をもとの位置にもどし、全体をひっくり返して⑪で油粘土で固定した部分を上に向けて置く。油粘土をはずし、こびりついた油粘土を布巾などできれいにふき取る。

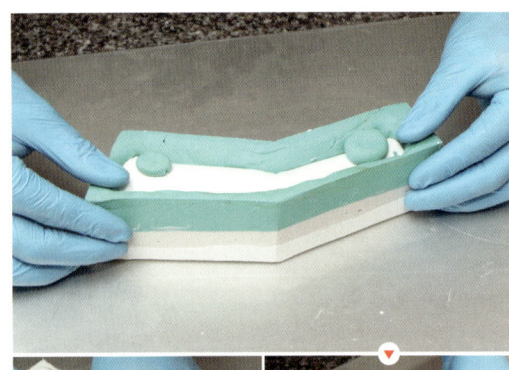

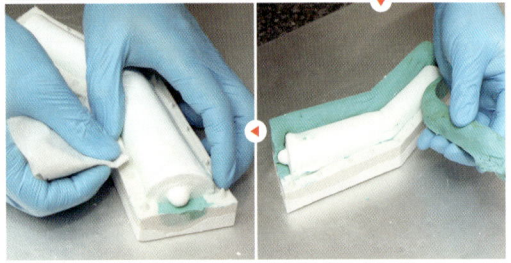

22 むき出しになった型の芯を上に向けたまま、プラスチック段ボールの枠で周囲を囲み、外側を油粘土で固定する。芯とその周囲のシリコン部分に液状離型剤を小筆で塗る。

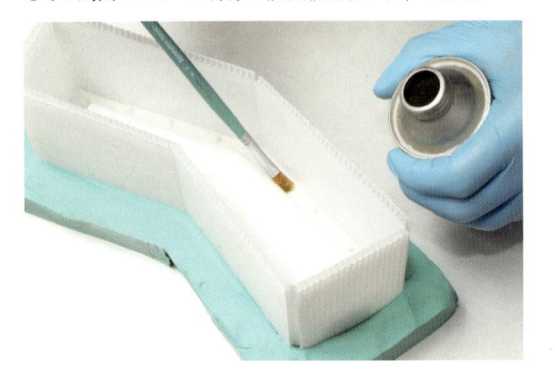

23 ⑰〜⑲と同様にして液体シリコンゴムと硬化剤を合わせたもの、それに増粘剤を合わせたもの、石膏の順に流して固める。

24 固まったら⑳と同様にして枠などをはずし、石膏部分のみ取り出して石膏の角を削る。石膏をふたたびシリコン部分に重ねる。

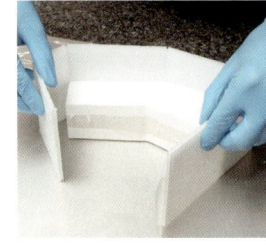 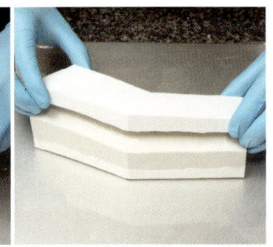

25 ⑬のAの部分に油粘土が残っているので、ペティナイフの先できれいに取り除く。

26 きれいにしたAの部分（くぼみ）に液状離型剤を小筆でまんべんなく塗り、筒状の入れものに立てかけ、硬化剤を合わせたシリコンを箸でたらしてくぼみを埋める。室温で固める。これがチョコレートのそそぎ口のふたになる。

27 石膏とシリコンの型をはずし、中の芯を取り出す。

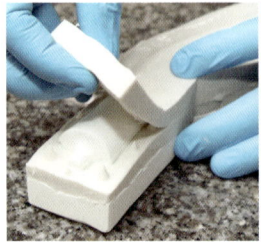 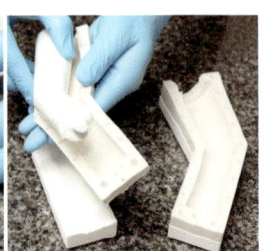

石膏を使わず、別の素材で
軽量化＆強度アップ

先に紹介した型づくりは、シリコンの型をとり、そのまわりを石膏で支えるというもの。比較的作業しやすい方法だが、シリコンと石膏を使った型は重いというデメリットもある。そこで編み出したのが、シリコンと不飽和ポリエステル樹脂を使うパターン。型を薄くつくることができ、なおかつカチカチに固まり、強度も高い。また、型が薄く仕上がるぶん、型に流したチョコレートをはやく固めることができるのもメリットだ。その方法を紹介する。

不飽和ポリエステル樹脂の型

シリコンの型と型の芯

［ 材料・道具 ］

不飽和ポリエステル樹脂：FRP（繊維強化プラスチック）に代表されるプラスチック製品の原料。今回はカンキ化工材の製品を使用。

ガーゼ：ごく一般的なガーゼ。これに不飽和ポリエステル樹脂をしみ込ませて固める。

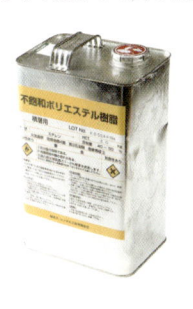 

1 シリコンと石膏を使う型づくりの工程①〜⑱までの作業を同様に行い、型の芯をシリコンでおおう。

▶ この後、外側をおおう不飽和ポリエステル樹脂は強度が高いため、石膏＋シリコンで型をつくるときよりも、液体シリコンゴム＋増粘剤の層は薄くてOK。これも軽量化に貢献する。石膏を使わずにシリコンのみで型をつくる場合と比べると、シリコンの層の薄さは一目瞭然だ。

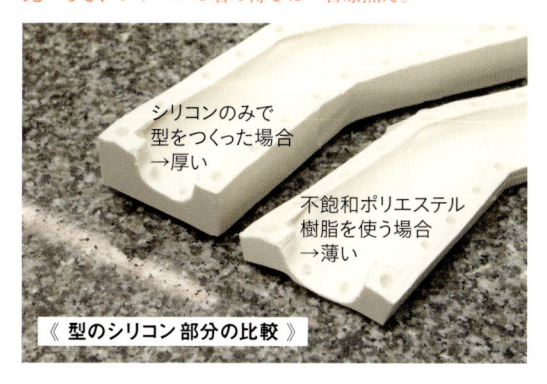

シリコンのみで
型をつくった場合
→厚い

不飽和ポリエステル
樹脂を使う場合
→薄い

《 型のシリコン部分の比較 》

2 ①の上にガーゼを敷き詰める。

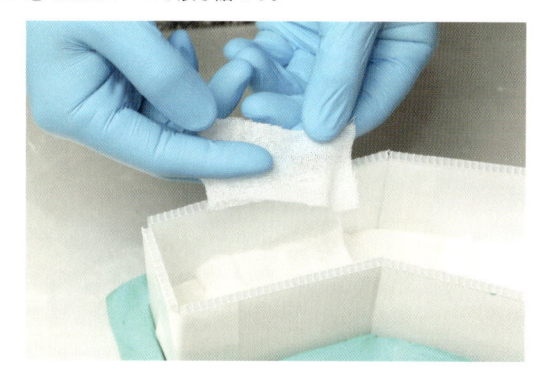

▶ タオルを使うと、固まったときに表面に繊維の毛羽立ったテクスチャーが残ることもあるため、毛羽立ちにくいガーゼがおすすめ。

3 不飽和ポリエステル樹脂と硬化剤を混ぜ合わせ、ガーゼにしみ込ませるように刷毛で塗る。固まるまでそのままおく。固まったら完成。反対側も同様にして型どりする。

パーツづくり①
[土台と軸をつくる]

軸は初級編と同様に、発泡プラスチックでつくった型にチョコレートを流して固めてつくる。土台は中級編と同様に園芸用の鉢皿を活用。ただし、しっかりとメインを支えられるだけの強度をもたせる狙いから、軸の上部と下部はそれぞれ貼り合わせるパーツの枚数を増やし、土台は中級編と同様の土台にさらに大きめの鉢皿でつくったものを重ねる。

土台

1 中級編の土台と同様にして、園芸用の鉢皿を使って土台をつくる。つくり方は107頁を参照。さらに、より強度を高めるために、中級編のときよりも大きなサイズの鉢皿でも土台のパーツをつくる。

軸

1 初級編の軸と同様にして、発泡プラスチック製のチョコレート型を使って軸のパーツをつくる。つくり方は90頁を参照。ただし、強度を高める狙いから、軸の上部と軸の下部それぞれに外側2面にパーツを1枚ずつ（計4枚）追加する。

パーツづくり②
[指揮者の男性 ほか]

「模型とチョコレートの型づくり」でつくったシリコンと石膏の型にチョコレートを流し、指揮者の男性の各パーツをつくる。また、そのほかにあしらいの花、葉、つるをつくり、塗装する。

指揮者の男性

1 「模型とチョコレートの型づくり」でつくった、シリコンと石膏の型のパーツをふたたび合体させ、梱包用ラップフィルムをぴたっと巻いて固定する。

2 型にダークチョコレートを流し入れ、固める。写真は右腕の型。そのほかのパーツも同様に作成する（以下同）。なお、顔と手はホワイトチョコレートを使う。

▶ 腕のつけ根部分の穴からチョコレートを流す。

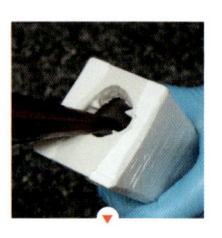

▶ チョコレートは写真の矢印の部分がほぼ埋まるくらいの分量を入れる。

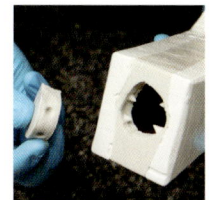

▶ ふたをして、型をまわすなど型の中のチョコレートを手ばやく動かして全体にいき渡らせる。最終的に、胴体側の接着面を下にして固める。

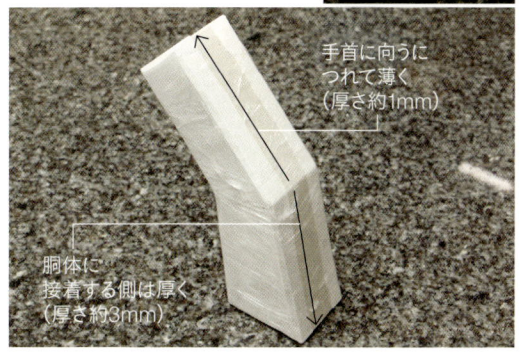

手首に向うにつれて薄く（厚さ約1mm）

胴体に接着する側は厚く（厚さ約3mm）

▶ 中が空洞かつ限界まで薄く仕上げることでパーツは軽くなり、組立て後も重力に耐えやすくなって、大きくダイナミックな作品づくりが可能になる。最終的に胴体側の接着面を下にして固めることも重要。それにより、メインの細工の軸となる胴体との接着面がやや厚めに仕上がる。

3 チョコレートが固まったら石膏とシリコンの型をはずしてチョコレートを取り出す。

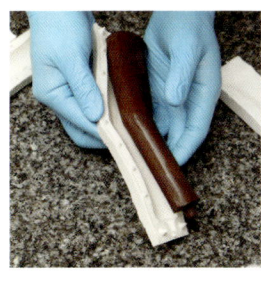 

手首側は厚さ約1mmが理想

▶ 薄く仕上げたシリコン型はやわらかく曲がるため、チョコレートに負荷をかけずに取りはずすことができる。

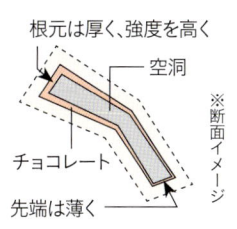

根元は厚く、強度を高く

空洞

チョコレート

先端は薄く

※断面イメージ

花、葉、つる

1 それぞれ、初級編や中級編と同様にしてつくり、塗装する。つくり方は91頁、93頁、108頁を参照。

土台と軸の塗装・組上げ

初級編や中級編と同様にして軸の上部のパーツと下部のパーツをそれぞれ組み上げる。大きめの鉢皿でつくった土台を塗装して中級編の土台に重ね、下部と上部の軸も接着して塗装する。今回は土台と軸の外側を金属のような重厚な質感に加工する。

［道具］

スポンジローラー：つるんとした平面の土台にニュアンスをつけるために使う。

1 初級編と同様にして、軸の上部のパーツ、軸の下部のパーツをそれぞれ組み上げる。ただし、いずれも初級編よりも貼り合わせるパーツを増やし、強度を高める。

2 土台を塗装する。スポンジローラーにたっぷりとダークチョコレートをとり、土台に塗る。10〜15℃の温度帯（以下同）で固める。

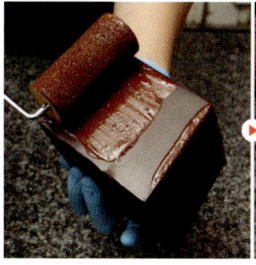 

▶ テンパリング後しばらくおいたチョコレートはやや粘度があるため、スポンジローラーで塗ると適度に凹凸模様をつけることができる。

3 刷毛にブロンズ色の色粉をつけ、土台に着色する。②でできた凹凸模様の目に対して垂直に刷毛を動かし、凹凸に引っかけるイメージで色粉をつける。

凹凸模様の目

垂直に塗る

BEFORE　　　AFTER

▶ ブロンズ色の色粉を塗りすぎ
ると金塊のようになってチョコ
レートらしさが失われるので注意。

4 ③を中級編の土台に重ねて接着する。そこに軸の下部のパー
ツを接着し、その上に軸の上部のパーツを取り付ける。

5 軸を塗装する。軸の中心は中級編と同様にして塗装し、木
の質感を表現する（113頁を参照）。軸の外側は②〜③と同
様にして土台と同じく金属のような質感を出す。

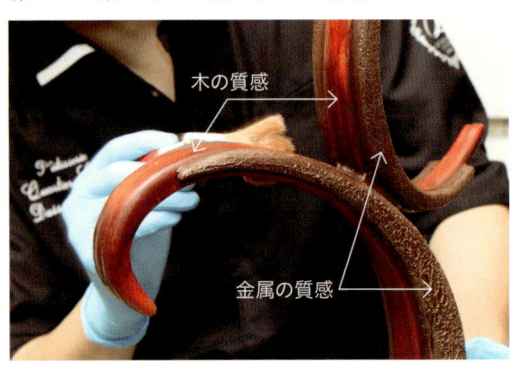
木の質感

金属の質感

▶ 軸はあえて木と金属の質感をミックスする。それにより、
金属のニュアンスを表現した部分の重厚感がより際立つ。

メインの 組立て・塗装

メインの指揮者の男性のパーツを、最
終的な見え方を意識して角度や接着位
置を確認しながら土台に取り付けて組
み上げる。顔や服を塗装する。

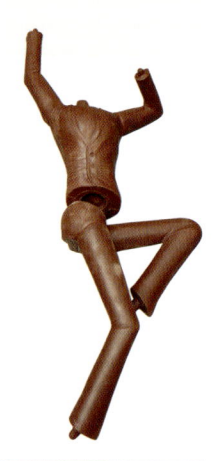

1 足を腰まわりに、腕を胴体に取り
付ける。それぞれ接合部分にダー
クチョコレートを絞り、接着する。
▶ 脇の下のシワどうしを目印に
すると接着位置に迷わず、バラン
スが決まりやすい。接着はチョコ
レートが固まる時間との勝負な
のでスムーズに位置を決めるための
こつ（型づくりの段階で準備して
おく）は随所に必要。

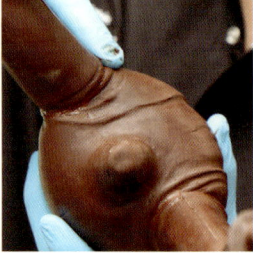 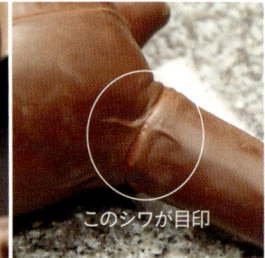
このシワが目印

2 腰まわりを軸に、靴を左足首と土台に、①と同様にして接
着する。なお、軸と土台の接着部分は、温めたスプーンの
背で塗装を溶かしておく。右足も同様に接着する。
▶ 下半身は接着強度と安定感を高めるために、両足それぞ
れ「2点留め」するのが理想。

留めポイントは各2点

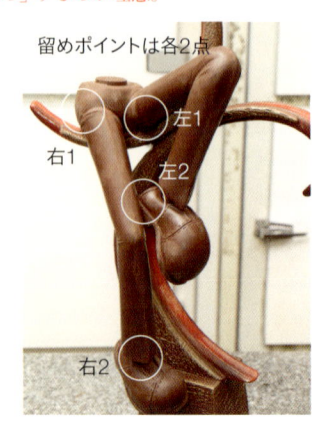
右1　左1
左2
右2

3 上半身と下半身を接着し、燕尾服の裾も接着する。左腕のヒジは軸にも接着して2点留めする。

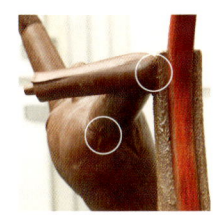

4 軸に色がつかないように、軸をラップフィルムでおおってから塗装する。まずはハイライトのキャラメル色のリキッド色素をエアブラシで吹き付ける。

▶ 左上から光があたっている状態をイメージし、服が膨らんでいるところなどに沿ってライン状に吹き付ける。シワに陰影がついて立体感もアップする。

5 赤色と緑色を3対1で合わせた赤茶色のリキッド色素を燕尾服に吹き付ける。靴は赤色で塗装する。

▶ ④で陰影をつけてあるので、全体に同じトーンでまんべんなく吹き付けてOK。

6 赤色と緑色を1対1で合わせた茶色のリキッド色素を、服のシワの溝や脇腹、靴のシルエットを引き締めたい部分に吹き付ける。

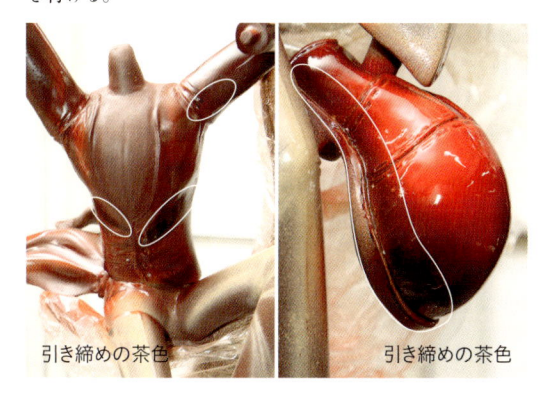

引き締めの茶色　　　引き締めの茶色

▶ 一段暗い色で溝をぐっとへこませて見せ、奥行を出す。

7 もっとも暗くしたい部分に黒色のリキッド色素を吹き付ける。

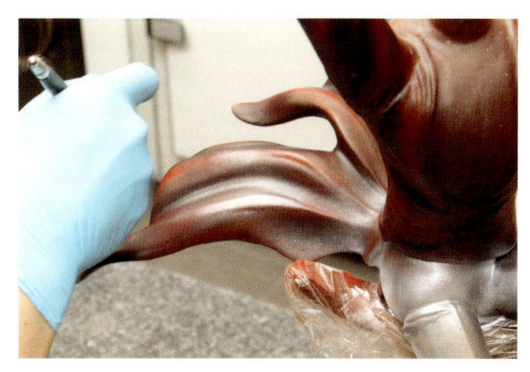

▶ 脇の下、マントの溝、服のシワの溝、腕の下の影といった一部分のみに吹き付け、効果的に陰影を生み出す。また、靴のソールも黒でしっかり塗装し、ゴムのような質感を表現する。

8 銀色のリキッド色素でズボンを塗装する。服の裾や肩にもほんの少しハイライトとして銀色のリキッド色素を吹き付ける。足の裏側に黒色を吹き付けて影をつくる。

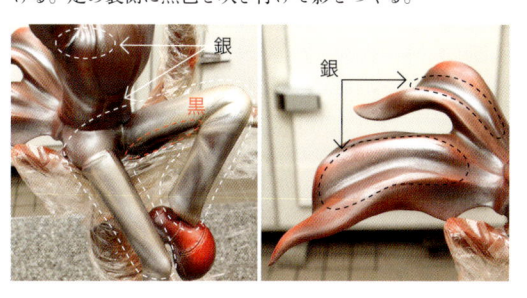

9 顔と手をダークチョコレートで接着し、黄色、オレンジ色、緑色と赤色を同割で混ぜた茶色を順に吹き付け、彫りの深さを表現する。

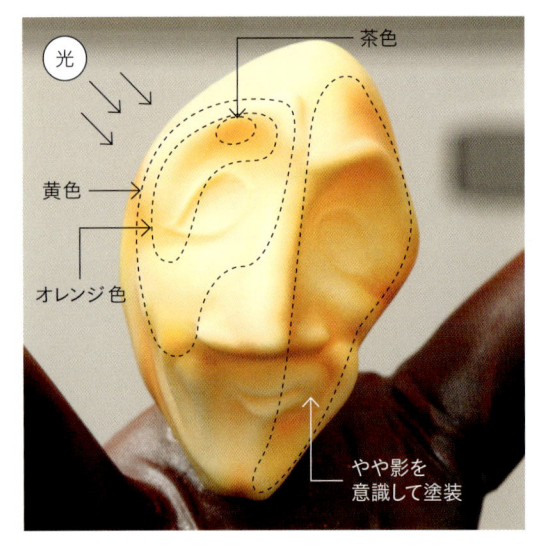

光

茶色

黄色

オレンジ色

やや影を
意識して塗装

▶ 若干黄色みがかっているホワイトチョコレートをハイライトの色みととらえ、3色のグラデーションで自然に影をつくる。

10 目にあたる部分を白色のリキッド色素で塗装する。

メインの装飾・あしらいの組立て・仕上げ塗装

おもに顔まわりに、パーツを取り付けたり、色をつけたりしてメインの指揮者の男性を仕上げる。あしらいのパーツを適宜塗装して取り付け、完成させる。

1 指揮棒をつくる。OPPシートを細いコルネ状に巻き、ホワイトチョコレートを流して固める。
▶ コルネの先端に穴をあけておくと、空気が抜けてチョコレートがスムーズに流れる。

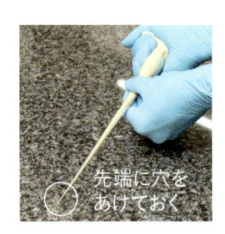

先端に穴を
あけておく

2 花を中級編と同様にしてグラデーションをつけながら塗装し（今回はピンク色と赤色を使用）、蒸留酒と混ぜ合わせた銀色の色粉を吹き付けて、ふんわりと輝きをまとわせる。

3 ダークチョコレートとホワイトチョコレートで目玉をつくり
（110頁を参照）、ホワイトチョコレートで貼り付ける。

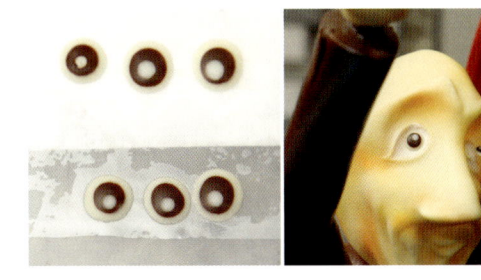

4 粘土状にしたホワイトチョコレートでヒゲと眉毛をつくり、
それぞれ影となる部分を黄色とオレンジ色で塗装する。ホ
ワイトチョコレートで顔に貼り付ける。

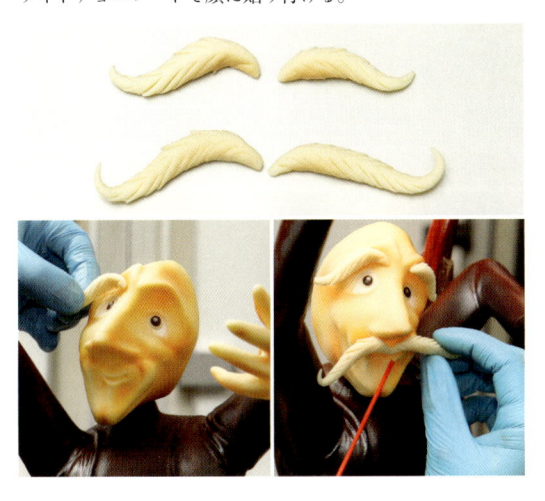

5 毛髪をつくる。サラダ油を薄く塗ったOPPシートで粘土状
にしたホワイトチョコレートを挟み、麺棒で薄くのばして
ペティナイフで長方形に切り出す。毛先をカールさせ、そ
の部分のみ冷却スプレーで固める。頭のカーブに沿わせな
がらホワイトチョコレートで接着し、冷却スプレーで固定
する。

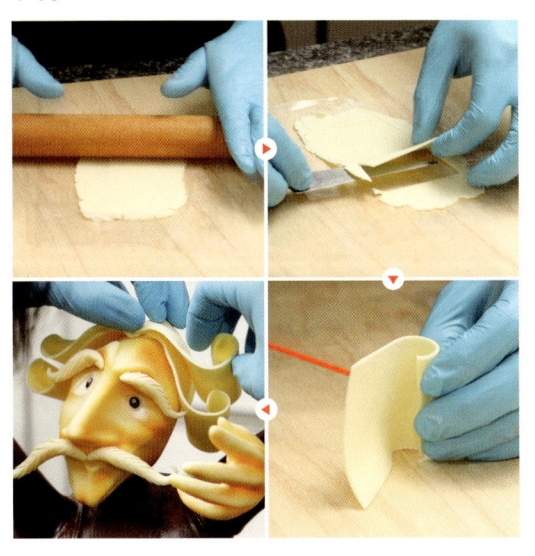

▶ やわらかい粘土状のチョコレートを使って接着しながら
毛髪の角度をつけていくため、躍動感のある毛髪のうねり
や動きを出すことができる。

6 胸元や首元、手首に取り付ける
フリルをエヴァンタイユでつく
る。つくり方は80頁を参照。

7 粘土状のホワイトチョコレートを薄くのばしてシャツに見
立て、テンパリングしたホワイトチョコレートで胸元に貼
り付ける。そのまわりに⑥を重ねて接着する。首まわりや
手首にも⑥を巻き付け、ホワイトチョコレートで接着する。

8 固く絞った冷たいぬれ布巾で靴
を磨いてツヤを出す。

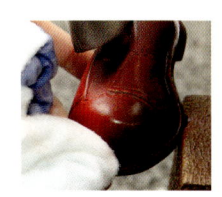

9 花や葉、つるをダークチョコレートで接着し、右手に指揮
棒をホワイトチョコレートで接着する。つるは先端に白の
リキッド色素を吹き付け、ラインを強調する。

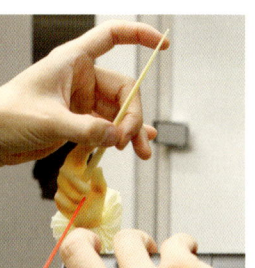

アメとチョコレートのピエスモンテ

特別編

アメとチョコレートの個々の魅力と
合作ならではの表現を最大限にアピール

Special

アメとチョコレートの
それぞれのもち味を生かしつつ、
作品全体としての統一感も意識。
花や葉など一部のモチーフは
アメとチョコレートそれぞれで制作し、
主役のウサギと、ウサギが腰かける軸は
アメとチョコレートのパーツを融合して
合作ならではの表現を追求した。
本体とは別に、小さな島の細工も用意。
本体に添えると作品の世界観が
いっそう広がる。メーター超えの大作。

輝きを放つ美しいアメ細工と、
重厚感やリアルさを表現するチョコレート細工の融合

この作品に盛り込んでいる技術は、すべて初級編から上級編で紹介したものがベースです。たとえば、大きな花のアメ細工は基本のバラを発展させたもの。より大きく、より艶やかに見せるテクニックは、バラのすぐ隣にある仕事といえるでしょう。

主役のウサギはアメとチョコレートの合作。頭以外の主要なパーツにはアメを使い、フリーハンドで形づくることでアメならではの空気感や細かな動きを表現しました。一方、頭と手はチョコレートを使い、マットな質感を生かしながら、チョコレートならではのナチュラルでリアルな表現をアピール。美しいオブジェのような雰囲気と、リアルな造形が融合した、まさにアメとチョコレートのシナジーが感じられる細工だと思います。

セッションの醍醐味は、自分とは違った切り口やアイデアに出合えることです。また、その場その場の判断が必要な瞬間があり、それによって作品の終着点が微妙に変わってくるのも面白いところ。互いに作品の方向性や全体像をある程度共有したうえで制作を進めますが、新しいアイデアがひらめくこともありますし、ときには思いもよらぬトラブルが生じることもあります。そうしたさまざまな出来事によって、制作の流れは刻々と変化していくのです。頭の中にイメージしている像からはかけ離れず、なおかつよりよい仕上がりを導けるような判断力と対応力がセッションの場ではより強く求められます。

―― 赤崎哲朗

アメとチョコレートの合作は、それぞれの素材のもち味を生かすことが大前提。重厚感のある土台、木の皮を模した装飾でリアルな質感に近づけた軸など、軽やかなアメ細工とのコントラストを成すチョコレートならではの表現を随所にちりばめました。そのうえで、アメだけではできない、チョコレートだけではできない表現を盛り込むと、作品全体の統一感が増し、完成度はぐっと高まります。

そこで重要なのは、チョコレートとアメの特性を十分に理解しておくことです。たとえば今回は、チョコレートでつくった軸と同じフォルムのアメ細工を制作し、それを軸のセンターに組み込んでいます。一つのモチーフでチョコレートとアメそれぞれの得意とする表現を"魅せる"ためですが、目的はそれだけではありません。接着強度を高めることも狙いの一つ。チョコレートの軸にさまざまなアメ細工を取り付けるのですが、「チョコレート×アメ」は接着強度が低い。軸にアメを組み込み、そこを軸の接着点とすることで「アメ×アメ」の接着が可能になり、接着強度が高まるというわけです。

また、接着においては温度も要注意。アメは高い温度で接着しますが、その熱でチョコレートまで溶けてしまう恐れがあります。細かい部分はハンダゴテで作業したり、チョコレートに熱がダイレクトに伝わらないようにアメ細工を接着するための台座を組み込むなど、合作ならではの工夫も必要です。

―― 冨田大介

《 アメ 》— 軸のセンターの細工

参照：軸の模型のつくり方（チョコレート初級編）

1 発泡プラスチックの軸の模型（チョコレートの軸を制作する際に使ったもの）を用意し、その周囲にぴったりと沿うようにデスクマットを切り出す。角にあたる部分はデスクマットの外側に切り込みを入れると、きれいに折り曲がる。デスクマットの幅は1.8cm。　　　　　　　　　　　　　　A

▶ ここでつくるアメ細工のパーツは、最終的にチョコレートの軸のセンターにはめ込む。アメ細工をはめ込むチョコレートの軸の取り付け箇所は、幅2.0cm。それとぴったりの厚さにアメ細工をつくるとはまらない可能性があるため、厚さはわずかに小さく設計。デスクマットの幅は1.8cmだが、そこに流し込むアメの表面張力によって最終的にアメ細工の厚さは1.9cmになるイメージで制作。

2 油粘土の土手をつくる。油粘土を転がして棒状にし、デスクマットの幅、長さにととのえる。　　　　　　　　　　　　　　　　B

▶ 油粘土の幅は厚めにしておく。薄いと、アメを流して型どりしている間に、デスクマットごと倒れてしまったり、流したアメに押されてデスクマットが浮き上がったりしてしまう。

3 ②の表面を切り落とし、四角い棒状に形をととのえる。　　　　C

4 発泡プラスチックの軸の模型に、切り出したデスクマットをぴったりと沿わせて密着させる。

5 油粘土をデスクマットにぴったりと沿わせて密着させる。このとき、デスクマットが浮き上がらないように、デスクマットを上から押さえながら油粘土を貼り付ける。　　　　　　　　　　　　D~E

6 発泡プラスチックの軸の模型に竹串を斜めに刺し、模型を抜き取る。　　　　　　　　　　　　　　　　　　　　　　　　　F~G

7 黄緑色の流しアメ用のアメを流し、そのまましばらくおいて固める。同様の方法で円盤状のパーツ（軸に接着し、メインの細工をのせる台座として使用）もつくる。　　　　　　　　　　　H

8 軸の内側の凹みの部分に接着用のチョコレートを絞り、アメでつくった軸のセンターのパーツを接着する。　　　　　　　I~J

▶ 指紋などがつかないように、この時点では型どりの際に貼り付けたデスクマットをつけたままにしておく。

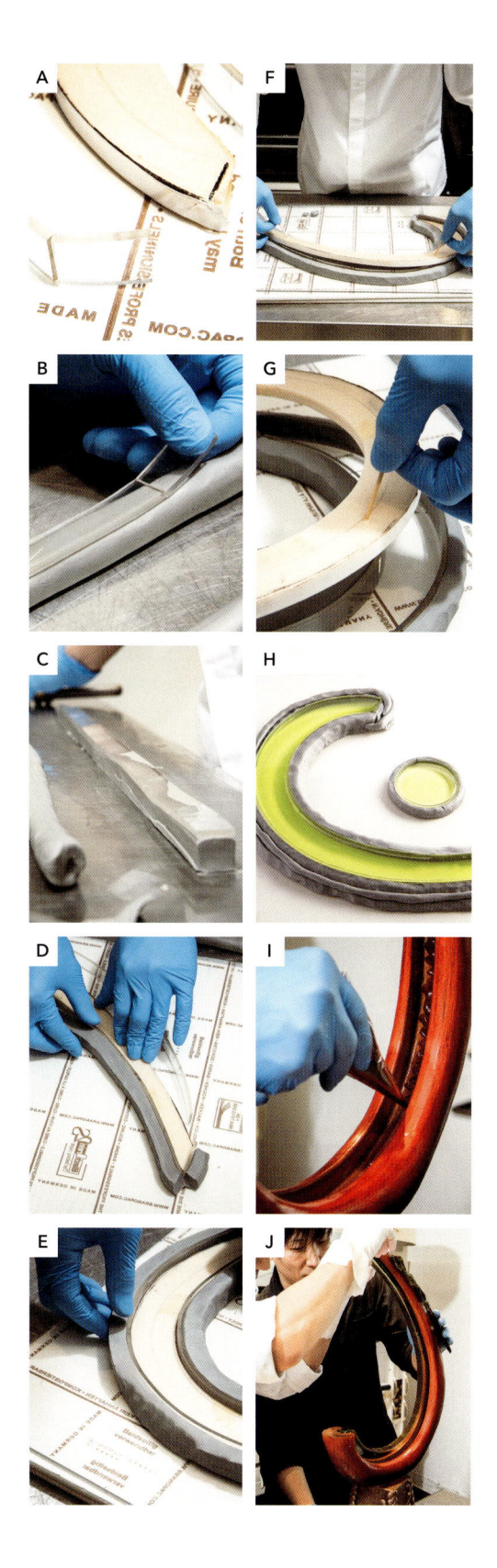

《 チョコレート 》— 軸の装飾／土台の塗装

軸の装飾

参照：軸のつくり方（チョコレート初級編）、
　　　軸の塗装（チョコレート中級編・上級編）

1 木の皮をつくる。ダークチョコレートを約50℃に調整し、温度　　**A**
を下げながら混ぜる（テンパリング）。あえて小さなダマが残る
状態でテンパリングを終える。

2 OPPシートを貼った板の上に①を適量のせ、ヘラの角でとん　　**B〜C**
んと打ちつけるようなイメージでチョコレートをたたくようにし
て細長く成形する。そのまましばらくおいて固める。
　▶ ダマを適度に残し、また、厚い部分と薄い部分が混在するよ
　うにあえて雑に成形することで木の皮の質感を表現する。荒々
　しさも、チョコレートらしい演出の一つ。

3 木の皮を接着する軸の部分に、温めたパレットナイフをすべら　　**D〜E**
せて表面のカカオバター（塗装した部分）を溶かしてしっかりと
落とす。地のチョコレートが見える状態まで溶かすこと。

4 軸の溶かした部分に、木の皮を数枚、ダークチョコレートで接　　**F〜I**
着する。
　▶ あえて木の皮の一部が重なるように接着する。空気感のある
　表現はアメの得意分野だが、チョコレートでもパーツの組上げ
　方を工夫して適度に隙間をつくることで、空気感を演出するこ
　とが可能。
　▶ 軸の内側はきれいなオブジェ的雰囲気、外側はナチュラルな
　雰囲気の仕上がりをめざすが、両者の雰囲気がかけ離れすぎな
　いように注意。そのため、外側はナチュラルな木の質感を表現
　しながらも、リアルすぎないレベルに着地させる。

5 木の皮にダークチョコレートをシリコン製の刷毛でぬる。　　**J〜K**

6 キャラメル色のリキッド色素を直接たらし、指ですり込むよう　　**L〜M**
にして塗り広げる。

7 キッチンペーパーで余分な色素をぬぐい取り、指で表面をなで　　**N**
るようにしてキャラメル色の強い部分と弱い部分をつくり、濃
淡を表現する。

8 ところどころに緑色のリキッド色素を少量たらし、指ですり込　　**O〜P**
むようにして塗り広げる。

9 緑色のリキッド色素を部分的にエアブラシで吹き付ける。この　　**Q〜S**
とき、明るくする部分は冷却スプレーをあててから色素を吹き
付け、暗くして影を表現する部分はそのまま色素を吹き付ける。
　▶ 冷却スプレーをあててから色素を吹き付けると、すぐに固まっ

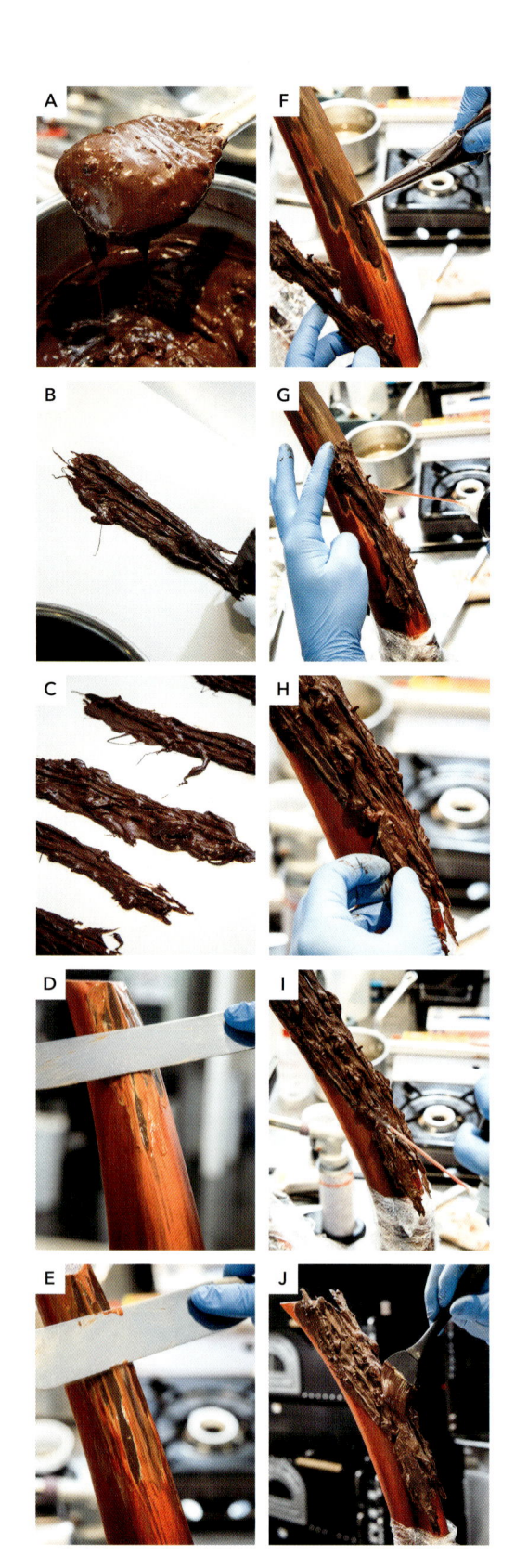

て粒々感のあるテクスチャーになる。色合いは淡く、明るめ（左下写真）。一方、冷却スプレーをあてずに色素を吹き付けると、つるんとした質感で、深みのある濃い色合いになる（右下）。これらの方法を使い分けて、明暗を表現する。

土台の塗装

参照：土台のつくり方（チョコレート中級編）、
　　　土台の絞り（基礎編）、
　　　土台の塗装（チョコレート中級編・上級編）

10 土台の引き締めたい部分にブロンズ色の色粉を刷毛ではたく。　　T

　▶ ブロンズ色の色粉は部分的にはたき、色粉による金属的な色合いと、チョコレートならではの深みのあるマットな色合いを共存させる。明度と彩度の幅が広いほうが重厚感が出る。

　▶ チョコレートでキラッとした色の表現をする場合、金属系のカラーの色粉を吹き付けるのが一般的だが、その方法で過度に色づけすると品がなく、またチョコレートのもち味も薄らいでしまうので注意。

《 チョコレート 》― 花の塗装／卵形の細工

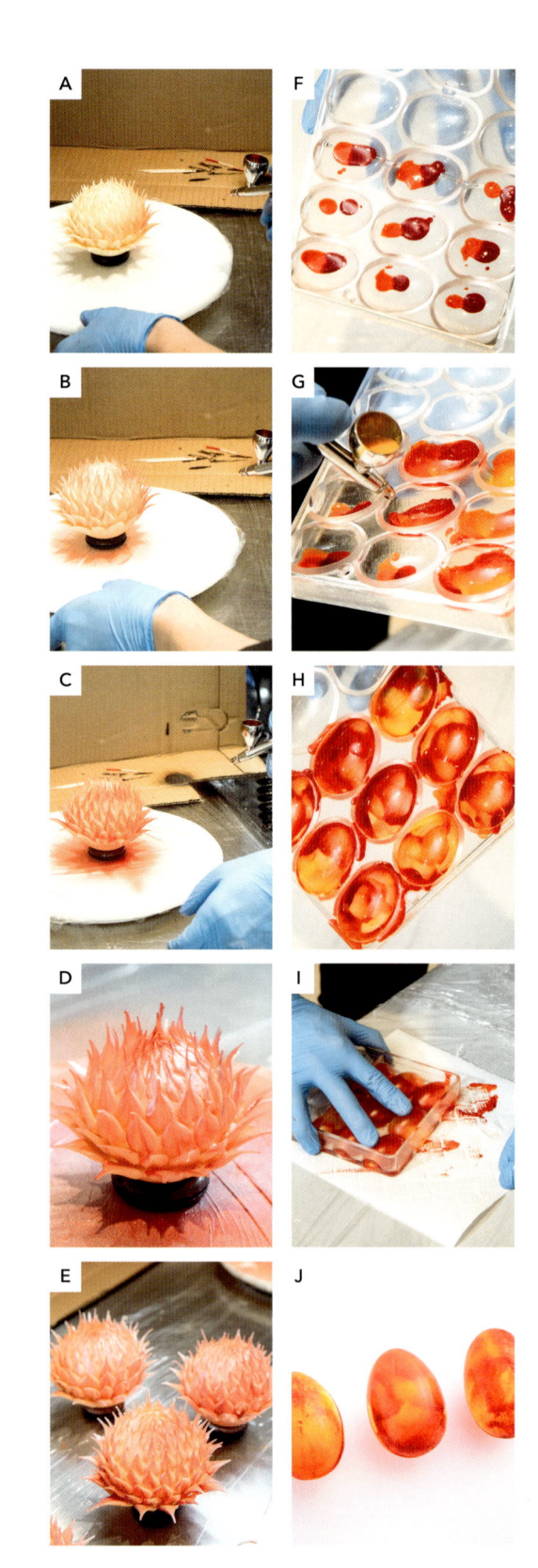

花の塗装

参照：花のつくり方（チョコレート初級編）、
　　　花の塗装（チョコレート中級編、上級編）

1 回転台に花を模したチョコレート細工をのせ、回転台をまわしながらピンク色のリキッド色素で塗装する。　　A~C

　▶ エアブラシはペン先の方向を固定しつつ上下させ、回転台をまわしながら塗装する。一定方向から吹き付けることで、陰影をつけやすくなる。

2 蒸留酒「スピリタス96°」（ポルモス ワルシャワ）15gに対して銀色の色粉1gを溶いたものを吹き付ける。　　D~E

　▶ ラメ感のある銀色の色粉はカカオバターで溶いて使う方法もあるが、その場合、カカオバターがラメの光沢をマスキングしてしまい、輝きが弱くなってしまう。アルコール度数が高く、揮発しやすい蒸留酒で溶いて吹き付けるときれいに定着し、ラメの光沢が生きる。

卵形の細工

参照：花の軸の球体のつくり方（チョコレート初級編）

3 型は18℃、リキッド色素は22℃に調整する。

　▶ リキッド色素は④で模様をつけたあとですぐに固まるように、固まる直前の温度に調整しておく（テンパリングした状態）。

4 型に赤色とオレンジ色のリキッド色素をたらし、黄色のリキッド色素をエアブラシで吹き付ける。　　F~H

　▶ 先にたらしておいた2色のリキッド色素をエアブラシの風の勢いで動かし、まだら模様にしながら型の縁まで色素を広げる。

　▶ リキッド色素を固まる直前の温度に調整しているため、固まらないうちに作業を終えられるよう、小単位ずつ作業する。

5 型をひっくり返してキッチンペーパーに打ちつけ、余分な色素を取り除く。　　I~J

6 91頁の「花の軸となる球体」と同じ要領で、⑤の型を使ってチョコレートを型どりし、貼り合わせる。ただし、ここではチョコレートはホワイトチョコレートを使う。

　▶ 91頁では、組み立てたときに重心がとりやすいように、半球の片側にだけ中にチョコレートを絞り入れたが、今回の卵形の細工は軽く仕上げるためにチョコレートを絞り入れず、厚みもできるだけ薄くする。

《 チョコレート 》— ウサギの顔の塗装と装飾

塗装

参照：ウサギの顔のつくり方（チョコレート中級編）、
　　　ウサギの塗装（チョコレート中級編）、指揮者の塗装（チョコレート上級編）

1　目にマスキングのためにラップフィルムを貼り付ける。なお、目　　A
　はアメ細工で制作。

2　目の周辺や、顔全体の輪郭、耳の縁などに冷却スプレーをあて　　B
　て白色のリキッド色素を吹き付ける。
　　▶ 冷却スプレーをあててから色素を吹き付けると、すぐに固まっ
　　て粒々感のあるテクスチャーになり、淡く、明るい色合いに仕
　　上がる。それによりウサギの毛並みを表現。
　　▶ 冷却スプレーを使う場合は、アメでつくった目に冷気があた
　　らないように注意。冷気があたるとヒビが入ってしまう。

3　耳の内側、耳の裏側のつけ根、頰と鼻などに冷却スプレーをあ　　C〜D
　ててピンク色のリキッド色素を吹き付ける。

4　黄色のリキッド色素を影になる部分に吹き付け、顔の立体感を　　E〜F
　表現する。

装飾

参照：ウサギの顔のつくり方（チョコレート中級編）

5　ホワイトチョコレートをフードプロセッサーで粘土状にしてま
　とめ、ナイフで切り込みを入れてまゆげの形に成形する。

6　⑤をウサギの顔にホワイトチョコレートで接着する。　　　　　　G〜H
　　▶ 冷却スプレーを使う場合は、アメでつくった目に冷気があた
　　らないように注意。冷気があたるとヒビが入ってしまう。

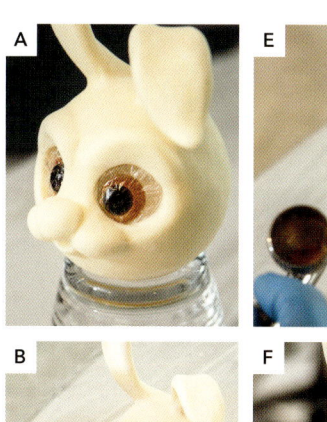

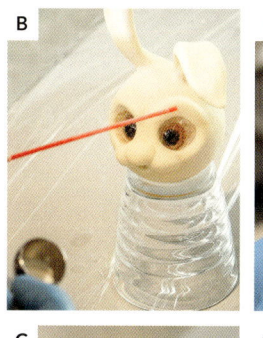

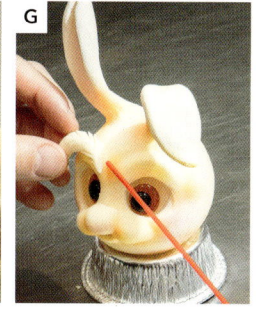

《 アメ 》― 花の細工

参照：バラのつくり方（アメ初級編・中級編）、花びらのつくり方（アメ上級編）

1 花びらは金色と赤色の2色の引きアメ用のアメでつくる。アメを引き、薄くしながらツヤを出す。

2 適度なツヤが出た部分を引っ張り、細長いしずく形にしてハサミで切り取る。このとき、少し引っ張ったら、もう一方の手で根元をつまむようにしてしぼり、その状態でさらに引っ張ると自然と凹凸ができる。　　**A~C**

▶ ツヤがピークに達したときに花びらの形に引っ張って取り出すだけではなく、引っ張りながら自然と凹凸ができるようにする上級テクニック。凹凸部分があると光の影響をより強く受け、輝きが増す。

3 先端部分を内側に曲げるようにしてカーブをつくる。①～③をくり返して金色と赤色の花びらを複数用意する。　　**D~E**

4 小さな円盤状のアメ細工を土台とし、花びらの根元に接着用の液状のアメをつけて土台に接着する。全体のバランスを見ながら次々に接着し、花の形に仕上げる。　　**F~H**

▶ 自然界にある花をイメージし、内側から外側に広がって見えるように輪郭をつくる。

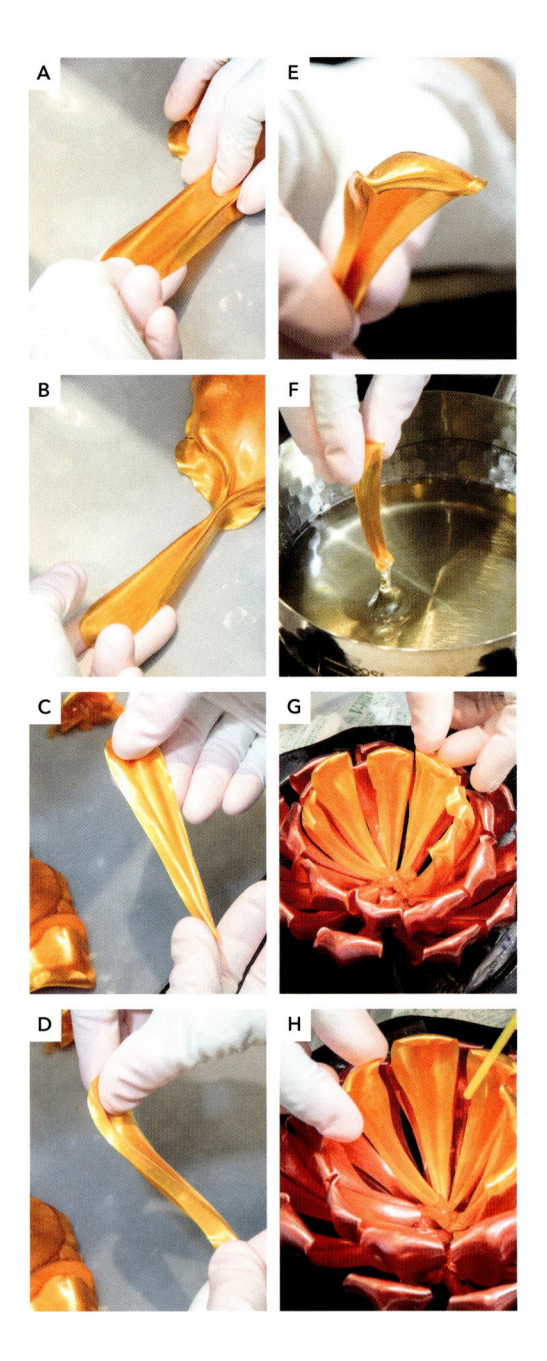

《アメ》— 花の接着／花びらの細工と接着

花の接着

1 軸のセンターにはめ込んだアメ細工の端（下側）をハンダゴテで　A
温めて軽く溶かす。
▶ アメやチョコレートの細工を接着のために部分的に溶かす際、
細かなところにはハンダゴテを用いるとよい。

2 花を取り付ける台座（プラスチック型を使った半球形のアメ細　B
工と、軸のセンターのアメ細工と同様にして型どりした円盤状
のアメ細工を重ねたもの）の裏側にバーナーの火をあて、①の
溶かした部分に接着する。

3 ②に接着用の固形のアメをのせ、花の底面をハンダゴテで溶か　C~E
して接着する。なお、作業性とバランスの観点から、花の細工
を接着する前に、アメでつくったリボンと茎の細工を台座と軸
に接着しておいてもよい（149頁参照）。

花びらの細工と接着
参照：バラのつくり方（アメ初級編・中級編）、花びらのつくり方（アメ上級編）

4 白金色の引きアメ用のアメ（着色せずに炊き、ごくわずかに焦が
して引いたアメ／以下同）を引き、ツヤを出しながら薄くする。

5 適度なツヤが出た部分を大きめに、ゆるやかなカーブがつくよ　F
うに引っ張ってのばし、切り出す。

6 メインの花の周囲に接着する。　G~J

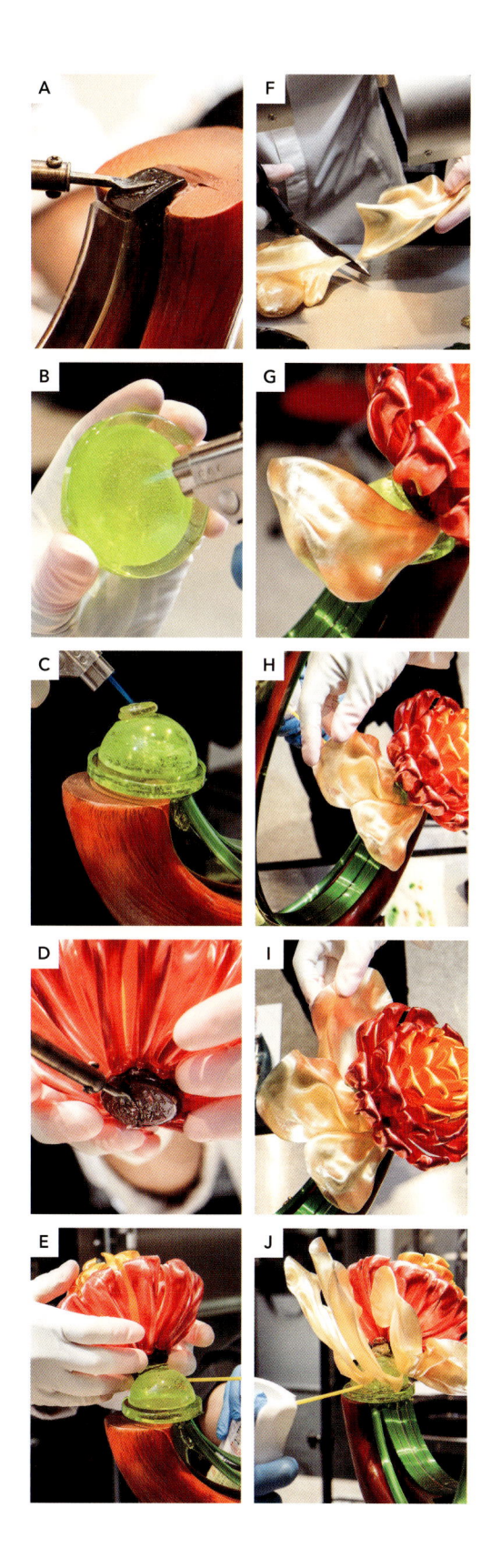

《 アメ 》— リボンと茎の細工と接着

引きアメのリボン

参照：リボンのつくり方（アメ初級編）

1 軸のセンターに沿わせて取り付ける大きなリボンをつくる。棒状にした緑色の引きアメ用のアメ2本を、長辺をぴったりと密着させて貼り合わせ、両端をもって引っ張ってのばす。

2 ①を半分の長さに切り、ふたたび長辺をぴったりと密着させて貼り合わせ、引っ張ってのばす。この作業を数回くり返す。なお、アメがだいぶ薄くなった場合は、半分の長さに切って重ねて貼り合わせる。　　　　　　　　　　　　　　　　　　　　**A~B**
▶ くり返すほど縦にのびる細い筋が増えるため、大きく長い葉に見せる場合は、葉脈の表現がよりリアルになる。

3 棒状にした無着色の引きアメ用のアメ（あまり引かずに透明感を保った状態）を②の長辺にぴったりと密着させて貼り合わせ、両端をもって引っ張ってのばす。　　　　　　　　　　　　　**C~D**

4 ③を半分の長さに切り、無着色のアメ部分が重ならない向きで長辺をぴったりと密着させて貼り合わせ、引っ張ってのばす。　**E~F**

5 ⑤を半分の長さに切り、今度は無着色のアメ部分が重なる向きで長辺をぴったりと密着させて貼り合わせる。　　　　　**G**

6 アメランプの下で適宜温めながら引っ張ってのばし、全体にカーブをつけ、先端を細くする。　　　　　　　　　　　　**H~I**
▶ 今回は軸のサイズとカーブの具合に合わせるため、ときどき実際の軸や軸の模型にあてて、形を確認する。

7 不要な部分を切り落とす。引きアメのリボンは、このほかにくるんと丸まったデザインの中サイズのものを用意する。　　　**J**
▶ 切るときは、ヒビが入りやすいので慎重に。

吹きアメの茎

参照：白いカラーの茎のつくり方（アメ初級編）

8 緑色の吹きアメ用のアメを引いてツヤを出す。ツヤが出て均一な厚さになったら手ばやくくぼみをつくり、ポンプの管の先端を包むようにして密着させる。

9 アメとポンプの管を密着させた部分をしっかり手で押さえながら空気を少しずつ入れ、空気が入ったら手でのばしながら先端を細くする。　　　　　　　　　　　　　　　　　　　**K~L**

10 適度な長さになったら不要な部分を切り落とし、手ばやく曲げてカーブをつくる。

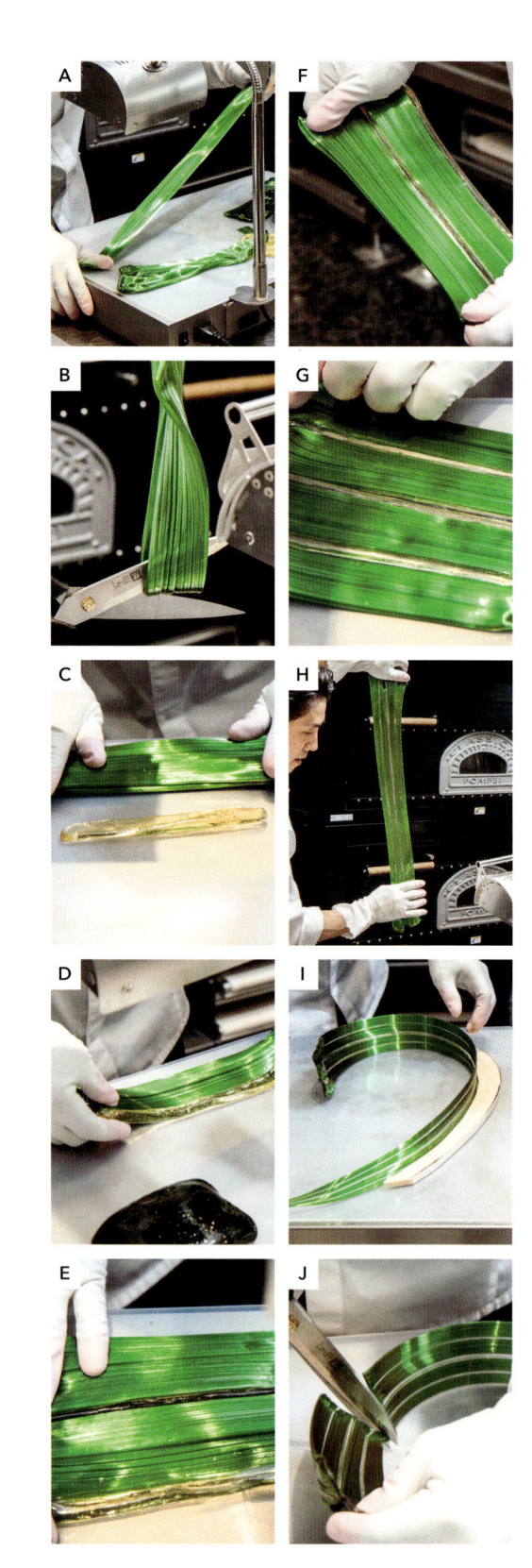

▶ 今回は軸のサイズとカーブの具合に合わせるため、ときどき実際の軸や軸の模型にあてて、形を確認する。

接着

11 引きアメの大きなリボンを取り付ける。接着用の固形のアメをリボンの端につけ、軸の下側の先端に取り付けたアメ細工の台座に接着する。さらに軸のセンターに取り付けたアメ細工にも液状のアメを使って固定する。　　M~O

▶ 下側の端だけの接着だと不安定なため、軸のセンターのアメ細工にも接着して2点留めにする。

12 吹きアメの茎を①と同様にして軸に取り付ける。　　P~Q

13 くるんと丸まった中サイズの引きアメのリボンを取り付ける。接着用の固形のアメをリボンの端につけ、軸に取り付けたアメ細工の台座に接着する。さらに花の周囲に取り付けた白金色の花びらの裏側にも液状のアメを使って固定する。なお、作業性とバランスの観点から、中サイズの引きアメのリボンを接着する前に、アメでつくった花と花びらを軸に接着しておいてもよい（147頁参照）。　　R~T

《 チョコレート 》― 小さな島の細工

1 ホワイトチョコレートをフードプロセッサーで粒状になるまで　**A**
　撹拌する。
　▶ 撹拌しすぎると摩擦熱でチョコレートが溶けて、より大きな
　ダマのような状態になり、さらには粘土状になってまとまって
　しまうので注意。

2 ①を適量ずつに分け、一方に黄色、もう一方に緑色のリキッド　**B~C**
　色素を加えて軽く撹拌し、全体に色をつける。黄色に着色した
　ものは白い植物の細工（次頁）に使う。

3 大きなセルクルをセロハンテープで作業台に固定し、その内側
　に小さなセルクルを入れて同様に固定する。

4 大小のセルクルの間にミルクチョコレートを絞り袋で絞る。こ　**D**
　のとき、スペースを完全には埋めないこと。
　▶ チョコレートは固まると内側に縮む傾向があるため、内側に
　置いた小さなセルクルは取りはずしにくくなりがち。事前に小
　さなセルクルの外側にフィルムを貼っておくと取りはずしやす
　い。今回はチョコレートの層を比較的薄くするため、セルクル
　の取りはずしにあまり影響がないことからフィルムを貼らずに
　作業した。

5 絞ったチョコレートが固まる前に、木に見立てたチョコレート　**E~F**
　細工（軸に貼り付けた木の皮を模したチョコレート細工を、適度
　なサイズに切って貼り合わせたもの）を置き、その周囲に粒状に
　した緑色のチョコレートをちらす。

6 さらにミルクチョコレートを絞り袋で絞り、その上に粒状にし　**G~H**
　た緑色のチョコレートをちらす。

7 チョコレートが固まるまでそのまましばらくおき、固まったらセ　**I**
　ルクルをはずす。

8 軸に貼り付けた木の皮と同様にして塗装する（142頁参照）。　**J**

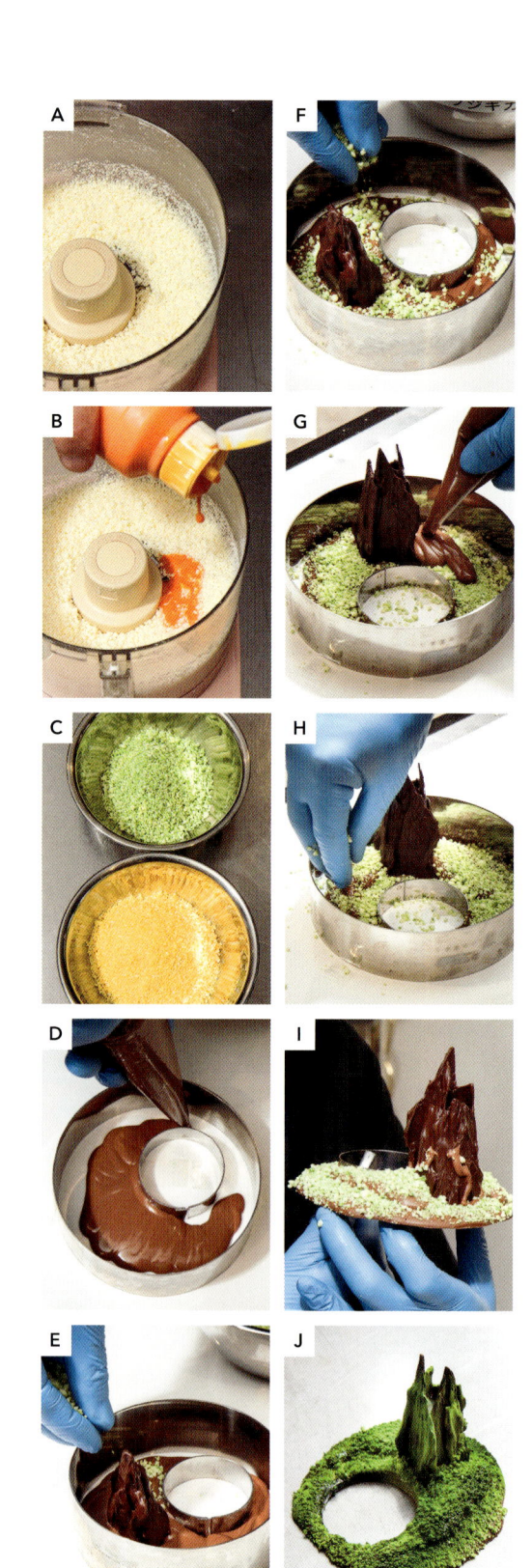

《 チョコレート&アメ 》 — 白い植物の細工／小さな島の仕上げ

白い植物の細工
参照：あしらいの「つる」のつくり方（チョコレート初級編）

1 ホワイトチョコレートをフードプロセッサーで粘土状にし、細い棒状にして固める。

2 ①の先端に溶かしたホワイトチョコレートをつけ、黄色に着色した粒状のチョコレートをまぶす。そのまましばらくおいて固める。　A~C

小さな島の仕上げ
参照：チョコレートの土台と葉のつくり方（チョコレート中級編）、
　　　アメの土台と葉と茎のつくり方（アメ初級編）

3 塗装した円盤状のチョコレートの土台（大小の2サイズのセルクルで成形したチョコレート細工を貼り合わせたもの）に接着用のチョコレートを絞り、小さな島の細工をのせて接着する。　D~F
▶ 本来、土台にパーツを接着するときは、接客強度を高めるために接着面を少し削ってバーナーであぶってから接着するが、ここでは重ねるパーツの重量や安定感に大きな不安がないため、シンプルな接着方法でOK。

4 小さなセルクルの跡に緑色に着色した粒状のホワイトチョコレートを敷き詰める。

5 ①のセルクルの跡と同サイズの円盤状のアメ細工（セルクルで成形した無着色の流しアメ）に、木の幹に見立てた棒状のアメ細工（緑色の吹きアメ）を接着し、小さなセルクルの跡に置く。　G

6 アメ細工の木の幹にアメでつくった緑の葉とチョコレートの花を接着し、木に見立てたチョコレート細工にチョコレートでつくった緑の葉と白い植物の細工を取り付ける。　H~J

《 アメ 》— ウサギの下半身の細工

参照：チェリーの実＆女性のつくり方（アメ中級編）、ピエロのつくり方（アメ上級編）

腰から膝

1　赤色の流しアメ用のアメをのばして円盤状にする。

2　白色の引きアメ用のアメを引いてツヤを出し、①と同じサイズに成形する。

3　①に②を重ね、赤い面を外側にしてくぼみをつくり、ポンプの管を包んで密着させる。　A

4　空気を入れ、ある程度空気が入ったら、先端が少しとがるようにアメランプの台の上で手で押さえるなどして形をととのえる。全体をゆるやかに曲げて腰を表現する。　B~C

5　先端から長めにハサミを入れて、半分に切る。切った部分を股下の部分に見立てる。　D

6　さらに空気を入れてボリュームを出し、股下を部分的にひねるなど完成形をイメージながら成形する。　E

7　ポンプの管を入れている部分にバーナーの火をあて、ハサミで切って管を抜く。切り口は、このあと上半身を接着することをイメージして少しへこませておく。　F

8　股下の先端の部分にバーナーの火をあてて切り落とり、指やペインティングナイフを使って切り口の穴を広げつつ厚みを出す。　H

膝下

9　白色と黒色の引きアメ用のアメを合わせて、ねじったり、転がしたりして灰色にする。

10　⑨の灰色のアメと、白色と黒色の引きアメ用のアメをそれぞれ棒状にし、それらを横長にぴったりと密着させて並べる。　I

11　⑩をねじって螺旋状の模様にする。　J~K

▶ 3色のアメはそれぞれ同じ固さに調整しておく。固さが異なるとねじっている間に、固いアメにやわらかいアメが埋まったり、やわらかいアメどうしが混ざったりしてしまう。

12　⑪を転がして、片端が太く、もう一方の端が細くなるように成形する。適当な長さに切る。　L

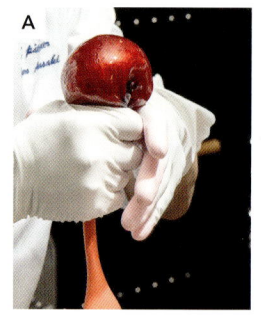

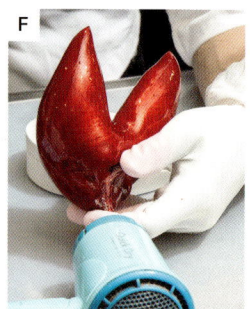

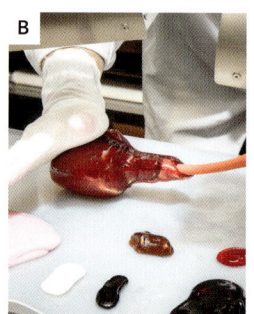

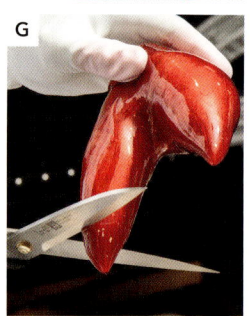

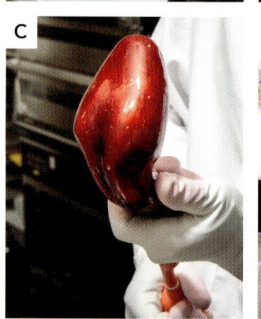

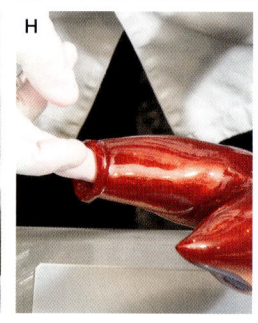

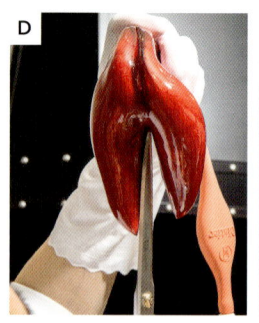

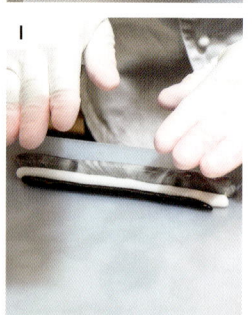

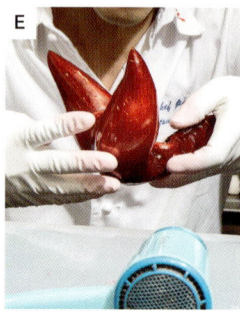

ブーツ

13 赤色の引きアメ用のアメを引いてツヤを出す。これをポンプの
   管に密着させる。

14 少しずつ空気を入れ、少し膨らんだら先端に丸みをもたせつつ   M~N
   手で引っ張ってのばし、折り曲げる。

15 不要な部分をハサミで切ってポンプの管を抜く。ウサギの膝下
   のパーツにあてるなどして長さを決め、足首から上にあたる部
   分を適度な長さに切る。

16 赤色の引きアメを引いて薄くのばし、適宜に切ってブーツのベ   O~P
   ロに見立てる。⑮に接着する。

17 赤色の引きアメを引いて薄くのばし、長方形に切り出す。⑯の   Q
   足首から上にあたる部分にくるりと巻いて接着する。

18 黒色の流しアメ用のアメをごく細く短い紐状にし、これを組み   R~S
   立てて蝶結びの形にする。同様に黒色のアメを細い紐状にし、
   ブーツにあててハンダゴテで適当な長さに切りつつ、貼り付け
   る。仕上げに蝶結びの形にしたアメを貼り付ける。

19 黒色の流しアメ用のアメを薄くのばし、ブーツの底に接着する。   T
   ハサミで底に筋を入れる。

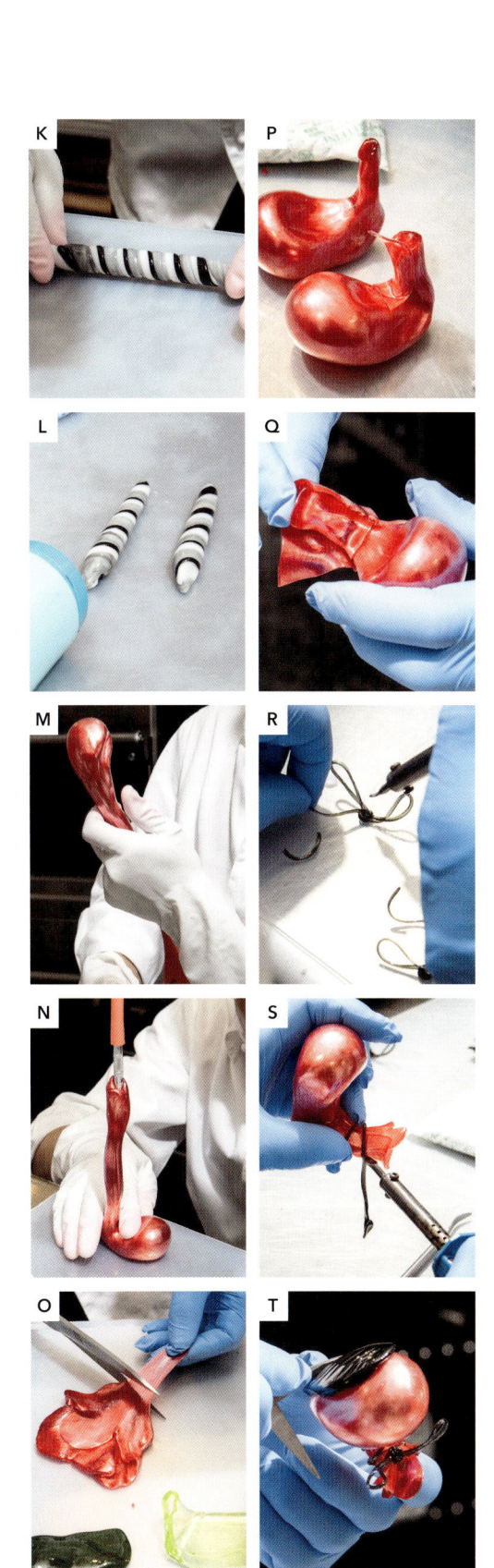

《 アメ 》— ウサギの上半身の細工

参照：チェリーの実&女性のつくり方（アメ中級編）、ピエロのつくり方（アメ上級編）

胴体

1 ピンク色の引きアメ用のアメをのばして円盤状にし、くぼみを　A
つくってポンプの管を包んで密着させる。

2 空気を入れ、ある程度空気が入ったら、アメランプの台の上で　B~C
手で押さえるなどして形をととのえる。先端が丸く、管との接
続部に向かうにつれて細くなるように。

3 ときどきウサギの下半身にあててサイズと形を確認しながら、　D
②の作業をくり返す。

4 ポンプの管を入れている部分にバーナーの火をあて、ハサミで
切って管を抜く。

5 ポンプの管を抜いた側を、頭のパーツを接着しやすいようにハ　E
サミで切って形をととのえる。

両腕

6 ピンク色の引きアメ用のアメをのばして円盤状にし、くぼみを
つくってポンプの管を包んで密着させる。

7 空気を入れ、ある程度空気が入ったら、先端を引っ張って細長　F~G
くのばす。ときどきウサギの胴体にあててサイズと形を確認す
る。適度な長さになったら、折り曲げて肘の関節をつくる。
▶ あとで胴体に接着することを考え、肩側は厚めに、反対側は
薄くして軽くしておく。

8 ポンプの管を入れている部分にバーナーの火をあて、ハサミで　H
切って管を抜く。

9 ⑧の切り口をきれいにととのえる。この部分が袖口になる。

10 白色の引きアメ用のアメを帯状にのばし、袖口に巻き付ける。　I~J
ごく細くした黒色のアメの先をバーナーで溶かし、袖口の白い
部分にちょこんと取り付けてカフスボタンに見立てる。

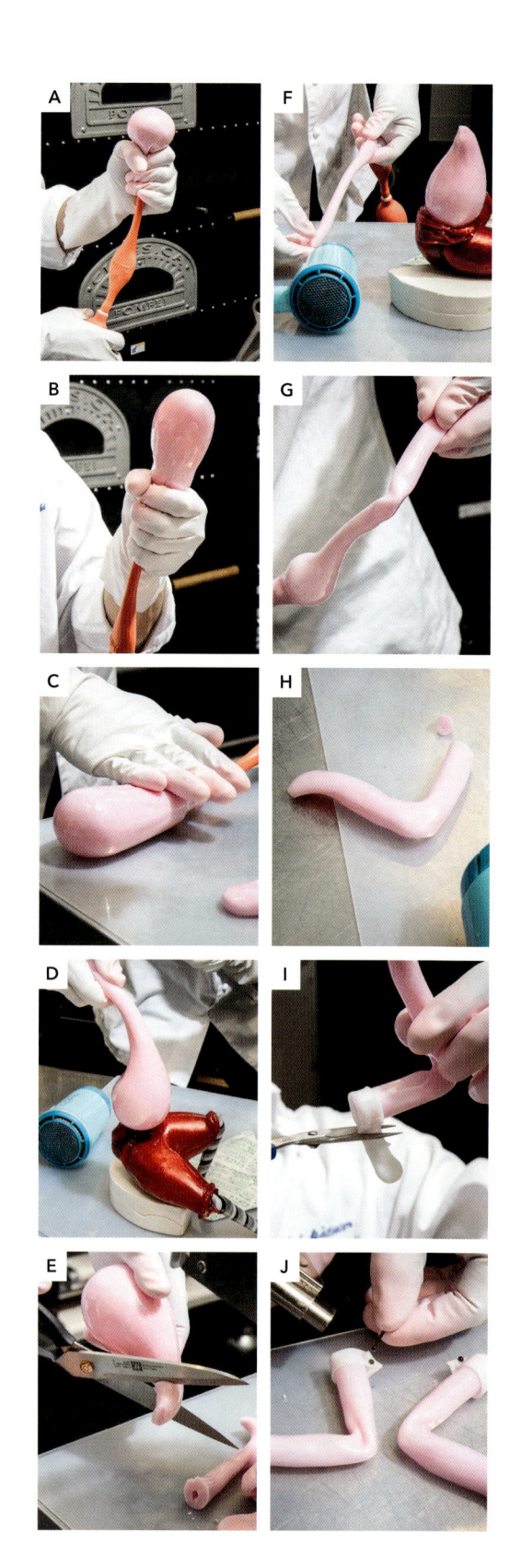

《 アメ 》 ― ウサギの体のパーツの接着

1 腰から膝のパーツに、膝下のパーツを接着する。腰から膝のパーツの先端の穴に接着用の固形のアメをつけ、バーナーで軽く溶かして膝下のパーツを接着する。　　　　　A~B
  ▶ 足の角度にも十分に気を配ること。

2 ①に胴体のパーツを接着する。胴体の接着する部分に接着用の固形のアメ（ここではピンク色）を貼り付け、バーナーの火をあてて軽く溶かす。①のパーツの接着部分もバーナーの火をあてて軽く溶かし、両者を接着する。　　　　　C~E

3 赤色の引きアメ用のアメを用意し、一部は引いてツヤを出す。

4 ツヤを出した赤色のアメの上に、引いていない赤色のアメを重ね、帯状にのばす。
  ▶ 透明感のある引いていないアメに、引いてツヤを出したアメを重ねてのばすことで、色合いに奥行を出す。

5 ④を、引いていないアメの面を外側にして③の腰の部分に二重に巻き付ける。ペインティングナイフでかたちをととえ、服のシワを表現する。　　　　　F~H

6 胴体と腕の接着部分にそれぞれバーナーの火をあてて軽く溶かし、接着する。接着部分にペインティングナイフなどをあてて服のシワを表現する。　　　　　I~J

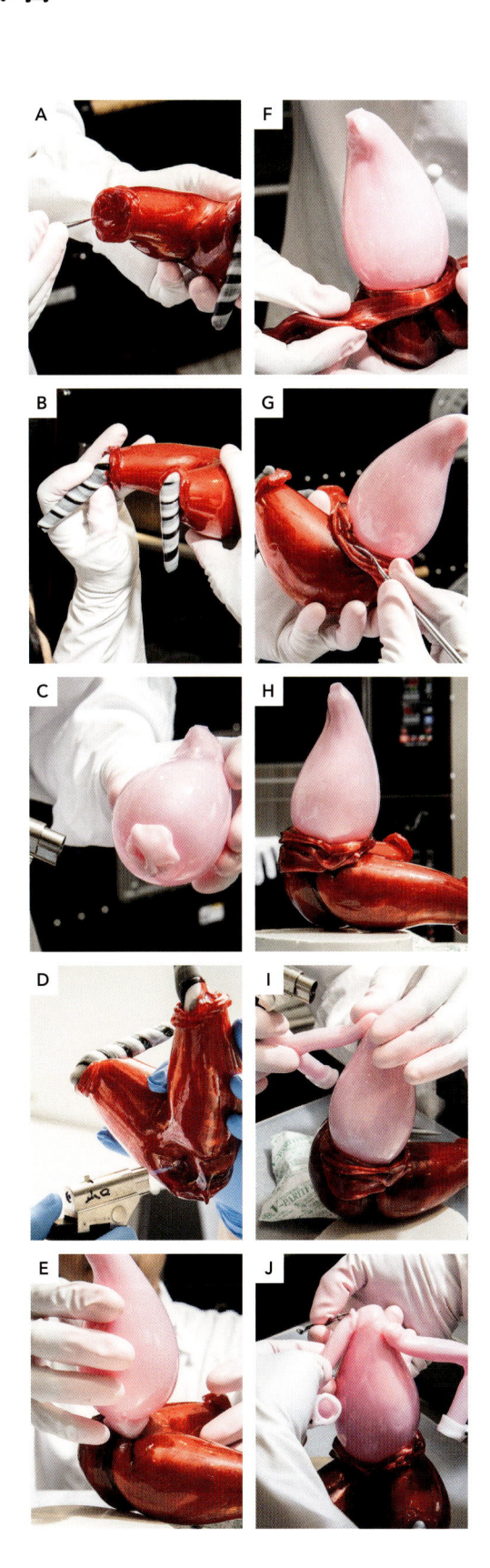

《 アメ 》— ウサギの装飾

参照：女性のつくり方（アメ中級編）、ピエロのつくり方（アメ上級編）

サスペンダー

1 サスペンダーの留め具をつくる。黒色の引きアメ用のアメを小さく切り取り、ペインティングナイフなどを使って三角形に形をととのえる。　A

2 サスペンダーをつくる。茶色の引きアメ用のアメを引いてツヤを出す。ツヤが出たらのばして細い帯状にし、ウサギの胴体に肩を支点にしてくるっと巻く。　B

3 サスペンダーの接着部分をバーナーの火であぶり、①の留め具をあてて接着する。　C

首

4 ピンク色の引きアメ用のアメを棒状にのばす。適度な長さになったら切り取り、胴体に接着する。　D

首と胸元の装飾

5 スカーフをつくる。白金色の引きアメ用のアメを引き、ツヤを出しながら薄くする。

6 ⑤を適度な大きさに切り出し、ところどころにカーブをつける。これを3枚ほど用意し、ウサギの胸元に少し重なるようにして接着する。　E~H

7 ⑤を帯状にして切り出し、手でたゆませてシワを表現する。これをウサギの首に巻いて接着する。　I

8 シャツの襟をつくる。白色の引きアメ用のアメを引き、小さな帯状にして切り出す。これを首に巻いて接着する。　J
　▶ 細かな部分の接着は、小さく切った接着用の固形のアメの先端を溶かし、それをペインティングナイフで接着部分に押しあてるようにしてつけると作業しやすい。

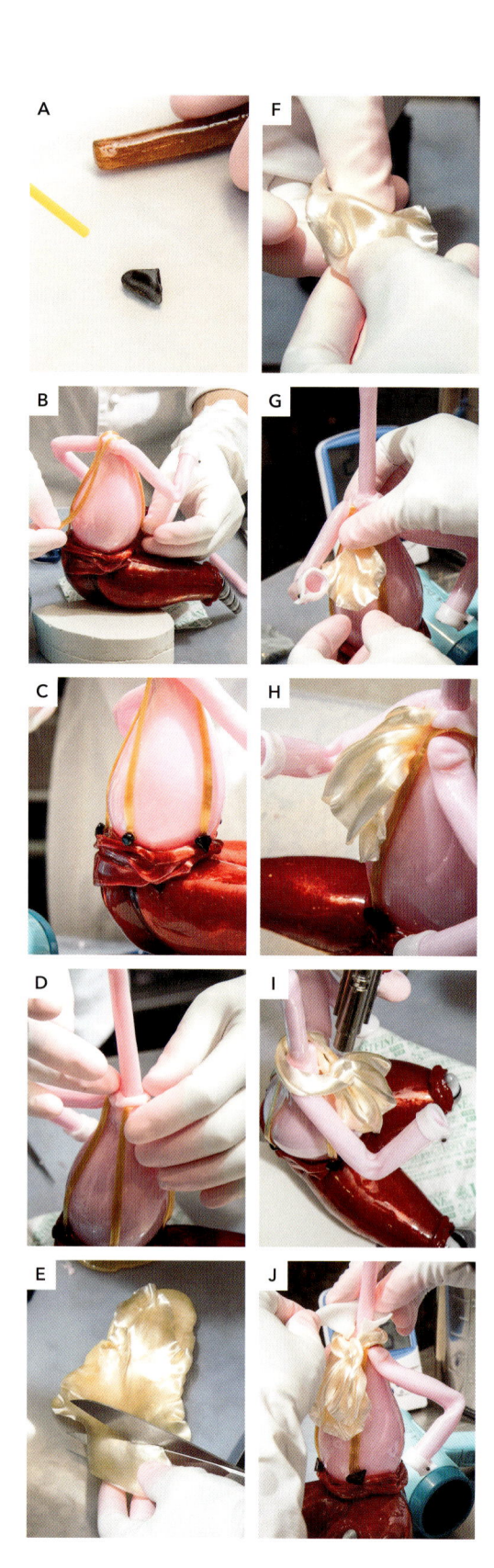

《 アメ＆チョコレート 》 ― ウサギの接着・あしらい・仕上げ

参照：ウサギのパーツのつくり方（チョコレート中級編）、チョコレートの葉と花のつくり方（チョコレート初級編・中級編）

1 軸のセンターに取り付けたアメ細工の端（上側）に、円盤状にし　**A~B**
たアメ細工（センターのアメ細工と同様にして型どりした緑色の
流しアメ）を接着する。これがウサギをのせる台座となる。台座
に接着用の固形のアメをのせてバーナーで溶かし、ウサギを置
いて接着する。

2 全体のバランスを見ながらウサギの足の長さを決め、ハンダゴ
テで溶かして切る。

3 ブーツに接着用の固形のアメをつけ、ウサギの足に固定する。　**C~D**

4 全体のバランスを見ながらウサギの首の長さを決め、ハンダゴ
テで溶かして切る。

5 ウサギの頭部を接着する。まず、ウサギの頭部を胴体にあてて　**E**
みて襟の広がりに問題がないかを確認する。修正の必要があれ
ば、襟にバーナーをあてて少しやわらかくして曲げ、角度を調
整する。

6 襟の内側と首に接着用のホワイトチョコレートをつけ、頭部を　**F**
固定する。

7 ホワイトチョコレートを適度な長さの棒状にして手首に見立て、　**G**
ウサギの腕の先端にホワイトチョコレートで接着する。さらに、
ホワイトチョコレートでつくったウサギの手を同様にして手首
に接着する。
　▶ 乾いて固まる前に、全体を見ながら手の角度を調整する。

8 アメ細工（リボン）やチョコレート細工（花、カーブした棒、葉、　**H~J**
白い小さな植物）をあしらう。
　▶ 全体のバランスを見ながら各パーツを接着すること。接着強
度に不安のあるパーツは2点留めで固定する。
　▶ 大きな接着部分（ウサギをのせた台座の周囲など）は、葉など
のあしらいを取り付けて目立たないようにするなど、不自然に
ならないように適宜処理する。

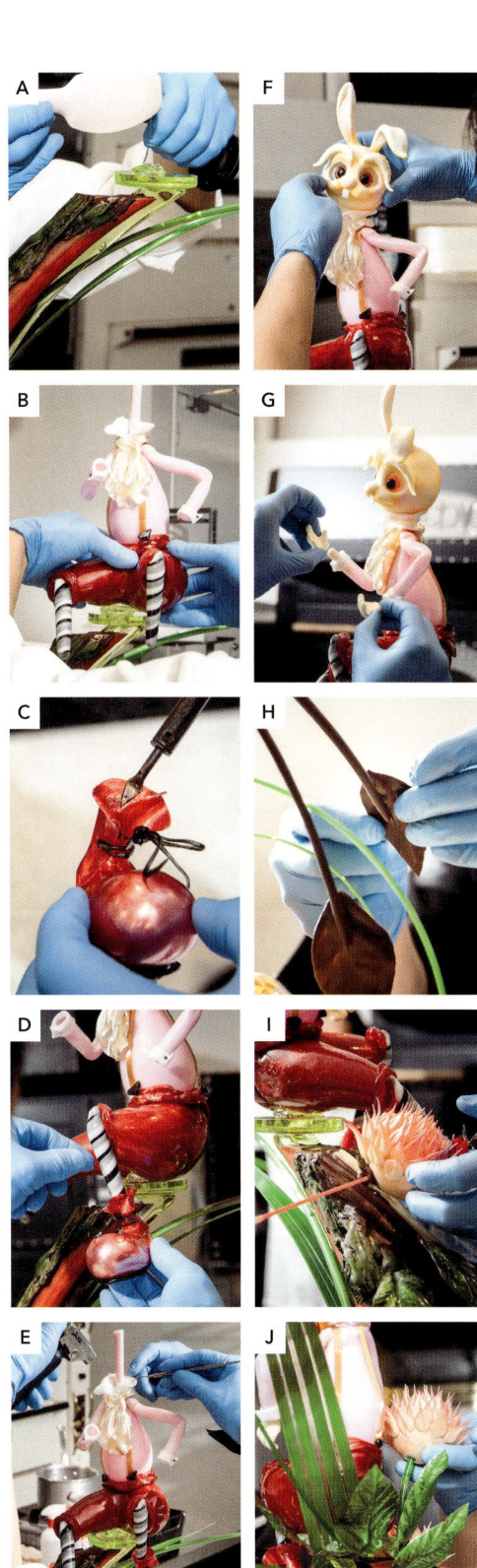

クープ・デュ・モンド・ドゥ・ラ・パティスリー 2013年
団体準優勝・チョコレート細工部門最優秀賞

おわりに

—

　私たちがこの業界に足を踏み入れ、ピエスモンテを知り、学びはじめたころには、絶対に想像できなかった世界と作品がいま現実になっています。本書に収録した作品やそれを生み出すための技術と考え方も、さまざまなピエスモンテに学びながら自分たちなりに進化させてきたものです。

　クープ・デュ・モンド・ドゥ・ラ・パティスリーで評価していただいたわれわれ日本チームの作品（左頁／テーマは「ミュージック」）もそうです。赤崎担当のアメ細工のコントラバス奏者、冨田担当のチョコレート細工の指揮者、さらにそれらと一体感を成すピアノをデザインした台を含めて、われわれらしい表現を存分に盛り込んだ作品であり、それが実を結んだのだと思います。もちろん、個々の力だけではなく、同じ日本チームのメンバーとして氷彫刻を担当した「パティスリー サヴール オンドゥスール」の森山康さんや、団長としてチームを支えてくれた「パティスリー エーグルドゥース」の寺井則彦さん、そして日ごろから職人として人として導いてくださる「グラシエ・イクス」の松島義典さんをはじめ、周囲の心強いサポートがあってのこと。素材と向き合い続けるなかで得た知識と技術、そして出会いが、ピエスモンテの表現をネクストレベルへと押し上げる原動力になるのです。ピエスモンテは魅力あふれる世界です。みなさんもたくさんの刺激を受けて、楽しみながら作品づくりにチャレンジしてください。

—— 赤崎哲朗 ＆ 冨田大介

パティスリー カルチェ・ラタン

愛知県名古屋市中川区十番町2-4
TEL 052-661-3496
http://quartier-latin-1976.jp

大阪マリオット都ホテル

大阪府大阪市阿倍野区阿倍野筋1-1-43
TEL 06-6628-6111
https://www.miyakohotels.ne.jp/osaka-m-miyako

都ホテルズ&リゾーツ

https://www.miyakohotels.ne.jp

協力

株式会社ツジ・キカイ
ヴァローナ ジャポン 株式会社

PIÈCE MONTÉE
基礎からわかる
アメとチョコレートのピエスモンテ

初 版 印 刷	2019年8月1日	
初 版 発 行	2019年8月15日	

著 者 ©	赤崎哲朗(あかさき・てつろう)、冨田大介(とみた・だいすけ)	
発 行 者	丸山兼一	
発 行 所	株式会社柴田書店	
	電話 〒113-8477 東京都文京区湯島3-26-9 イヤサカビル	
	営業部／03-5816-8282(注文・問合せ)	
	書籍編集部／03-5816-8260	
	URL http://www.shibatashoten.co.jp	
印刷・製本	凸版印刷株式会社	

本書掲載内容の無断転写・複写(コピー)・引用・データ配信等の行為は固く禁じます。
乱丁・落丁本はお取替えいたします。

ISBN 978-4-388-06312-3　Printed in Japan
©Tetsuro Akasaki、Daisuke Tomita 2019